U0940445

冒险家

理想不死的创士记

《财经天下》周刊 编

華中科技大學出版社
http://www.hustp.com

图书在版编目(CIP)数据

冒险家:理想不死的创士记/《财经天下》周刊编. —武汉:华中科技大学出版社,2015.10

ISBN 978-7-5680-1373-4

Ⅰ.①冒… Ⅱ.①财… Ⅲ.①企业家-生平事迹-中国-现代
Ⅳ.①K825.38

中国版本图书馆 CIP 数据核字(2015)第 265653 号

冒险家:理想不死的创士记 《财经天下》周刊 编

Maoxianjia:Lixiang Busi de Chuangshiji

策划编辑:胡 晶
责任编辑:吴丽程
封面设计:仙境设计
责任校对:张 琳
责任监印:张贵君
出版发行:华中科技大学出版社(中国·武汉)
武昌喻家山 邮编:430074 电话:(027)81321913
录 排:华中科技大学惠友文印中心
印 刷:武汉鑫昶文化有限公司
开 本:710mm×1000mm 1/16
印 张:18
字 数:210 千字
版 次:2016 年 1 月第 1 版第 1 次印刷
定 价:39.80 元

序　寻找第二口气

捷克作家瓦茨拉夫·哈维尔（他更广为人知的身份是捷克斯洛伐克联邦共和国前总统）在 1977 年为自己出版的剧本集所写的序言中，准确地描述了一个创作者的困境。

“然而很快，一个作家发现自己正来到一个十字路口：他已经耗尽了自己对于世界最初的经验和表达方式，他必须决定如何进一步继续下去。当然，他可以为他已经说过的东西找到更出色的表达途径；也就是说，他可以基本上重复自己。或者，他也可以停留在他最初的喷发所取得的地位上，想方设法保住这个位置，以便确保自己在文坛上的一席之地。

“但是他还有第三种选择，他可以放弃已经取得的一切，超越他到目前为止太熟悉的、最初的世界经验，从他自身小小的传统、公众期待以及已经建立的地位中解放出来，去尝试一种新的和更为成熟的自我界定，与他现在的并且是更为确凿的世界经验相一致，简言之，他可能去发现他的‘第二口气’。任何人选择了这条道路——如果他想继续写作的话，这是真正有意义的——他的日子将不会轻松。在他人生的舞台上，他不再是一张白纸，而是要努力告别某些东西。他起先的热忱、自信和直率已经离去，而真正的成熟尚未到来；事实上他必须重新开始，这次是在更为艰难的条件下。”

每一位写作者都面临着哈维尔所说的去发现“第二口气”的问题，正如每一位写作者在开始时都必然要到他早年的经历中去寻找素材——几乎每一位小说家都有一本讲述一个人如何成长的书，比如，对于毛姆是《人性的枷锁》，对于奈保尔是《毕司沃斯先生的房子》。困境真正发生，是在作家发现自己已经很难再从自己的经验中寻找素材时。他必须找到属于自己的、不同于早先的热情和经验的“第二口气”。这是作家人生危机的开始。

其实世上所有人和组织的经历何尝不是如此？只不过在其他人或组织身上，寻找第二口气的危机是以不同形式出现的。一个画家或音乐家无可避免地会耗尽他赖以成名的经验或方式，他需要找到既能让自己满意，又能让公众兴奋（无可避免地要面对公众）的新的方式。在过去的时间里，这样的例子我可见到不少。鲍勃·迪伦是一个例子。在这个伟大的歌手的一生中，他不止一次面对着去寻找“第二口气”的问题。每一次都并不顺利。

格雷尔·马库斯在《老美国志异》中记录过迪伦尝试脱离让他备受欢迎的民谣、转向电声摇滚时的场景。“那是在 1965 年的 7 月，这位民谣歌手穿着破旧的棉布衣服，手里拿着电吉他，身上披着时髦的黑色皮夹克出现在新港民谣节的舞台上，身后是一支事后很快就被他抛弃的五人乐队，他用自己最沙哑的声音唱着，唱起那种对很多人而言正是意味着堕落与谎言的电子噪音。尽管如今世界上可能没有人会承认自己当年曾对鲍勃·迪伦发出嘘声，然而在1965年的7月25日，迪伦的演出完全是一场骚动：听众中爆发出叫喊、诅咒、抗拒的声音，但更多的也许还要算是困惑。”可是你猜迪伦当时唱了什么？《像一块滚石》！随后，在1966年5月26日的一次演出中，迪伦的演出是在一片骂声中进行的。“人群中的喊声渐渐大了起来，胆小畏缩的叫喊声逐渐汇聚成高呼：‘叛徒！背叛！傻×！你不是鲍勃·迪伦！’”

当然，今天我们可以舒一口气，用一种轻松的语调说，如果没有经历过这些，他就不是鲍勃·迪伦。

对于商业组织而言同样如此，只不过商业记者和管理学家们会用另外一种语言来表述这种“第二口气”的困境。比如，在2008年前后网络游戏公司最火热的时候，媒体曾提出所谓的第二款游戏困境：第一款游戏大受欢迎之后，公司以同样的团队、更多的资源和投入试图推出第二款游戏，结果却往往不成功。这个困境一直延续到今天，谁能记得《植物大战僵尸》的开发公司Popcap Games（宝开游戏公司）的第二款游戏？不用去搜索了，如果它足够成功，你会知道的。努力在寻找自己的“第二口气”的，也包括我们曾经一期的封面人物朱俊。他曾经凭借着代理《魔兽世界》成为国内一线游戏巨头，也因此有了足够多的钱去买下上海申花。如今，他失去了两者。如果不想就此从舞台中央消失，他也需要找到自己的“第二口气”。

你正在阅读的这本书中，记载了大量的这种“寻找第二口气”的故事。你能看到曾经创办了土豆网并把这家公司送到纳斯达克上市的王微，也在想如何通过动画电影来重新寻回自己的“第二口气”；也有彭小峰，曾经是新能源领域的巨头，如今迫切地希望借助互联网金融再次崛起；包括卫哲和陈晓，曾经阿里巴巴B2B（指企业对企业的营销关系）公司的CEO和国美电器的CEO，如今他们都希望借助投资来再次证明自己；包括俞敏洪，他创办了中国最大的教育公司，现在进入了早期投资领域；包括中国体育的符号式人物姚明，他要在商业领域证明自己可以像在篮球场上那样自如……

杂志的读者会发现我们对杂志也在做一些改变。这也是我们在努力寻找“第二口气”的表现。杂志这种形态发展到今天，它需要做出一些对变化的回应。当然，私心而言，我也希望借助它，找到我自己的“第二口气”。

《财经天下》周刊主编　李翔

目 录

第一篇 再创业

第二篇 转型

第三篇

突破

第四篇

挑战

第一篇

再创业

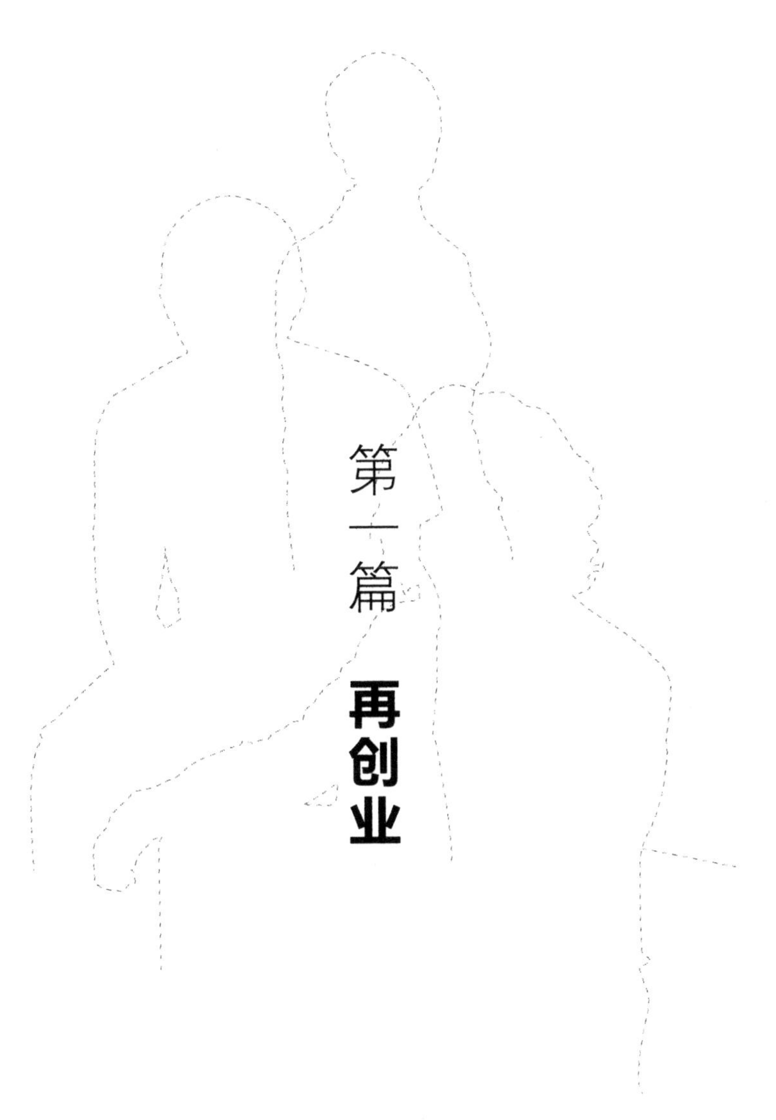

许三观卖身记

公共空间，趣味生意，一帮媒体人的文化 O2O 创业历险记。

文_石海威　编辑_丁伟

梁启超站在历史的风口，发出心灵鸡汤式的追问：你是第几代的书生？不，你是第几代的创业者？不，你是第 N+几道的试错程序？

这么穿越而撩人的问题，直到创业一年后，许知远才找到既能自我安慰、又能激励整个团队、也对外界和投资人有所交代的高“逼格”答案：倘若康有为、梁启超生活在此刻，或许也是各种社交媒体、新产业的创业者，“单向空间要重新想象书店，重新定义阅读、消费、食物、旅行……”

跟很多有热门概念、满足刚需的创业公司不同，许知远调侃说，单向街文化有限公司的定位是“创业公司里最会写作的，严肃文化里最会创业的”。

十年来，许知远和于威、张帆、张一帆等主业做媒体，业余开单向街书店，并没当正经生意做，反为向当年巴黎影响了“迷惘的一代”的莎士比亚书店、旧金山孕育了嬉皮士文化的城市之光书店致敬，现如今已经成为北京城的文化地标之一。

这位以一头标志性长发和一系列思想性专栏知名的媒体人、作家，自从2013年冬天和多年的伙伴一起正式创业以来，一直有一种“身份的焦虑”。“每当我说自己在创业，周围人就笑了；每次我说单向街不是一家书店，而是一家科技公司时，他们就笑得更大声了……”

他借用时髦术语，说单向空间也“站在历史的风口”，是未来一代年轻人精神需求的重要“入口”，“要成为移动社交媒体时代的知识中心，新型印刷厂，精神SPA（拉丁文“Salus Per Aquam”的字首，意指健康之水）……”从卡夫卡到梁漱溟，从抗争哲学到技术文化，从鸡尾酒到四季便当，从万圣节Party到世界阅读日刷夜朗诵，单向空间提供全面解决方案。

如果你去单向街听过沙龙，看过展览，吃过食物，订阅过它的微信号和类似Buzzfeed（美国新闻聚合网站）的app（应用程序）“微在”，围观过“驻店作家”，听过许知远当“声优”的音频节目，就知道它想全方位覆盖读者的视觉、味觉、嗅觉、听觉以及线上阅读体验。许知远说：“现在我想说，单向街是一家观念驱动型的生活方式公司，它可能真的在上演一幕卡夫卡的《变形记》。”负责“单读”的项目经理衷声，凭着前《人物》记者的敏感，嗅出这里是一场气味游戏，混合着书香、烟味、咖啡、红酒、老干妈、记忆等有形和抽象的味道。

文青们忽略了单向空间工商执照上注明的经营范围：制售冷热饮，

零售图书、报纸、期刊、电子出版物，组织文化艺术交流活动，销售日用品，会议服务，企业策划，市场调查，礼仪服务，设计、制作、代理、发布广告，企业管理咨询，电脑图文设计、制作等。

一家传统的书店，能否“变成一个新的知识、价值、趣味的供应商，并通过产品将这些精神需求具体化”，尚不明确。但创业一年多的新鲜经历，让许知远感慨，“小伙伴终于把书店变成了 3T 公司，除了追悼会，啥都可以办”。

当创业者许知远遇到作家许知远

在城市之光书店，许知远撞见了梁启超。

照片上一百多年前的梁启超，充满了自信，不像流亡者，“竖领白衫系着领带，中分、服帖的短发，镇定的眼神，与梁朝伟有几分相似……”作为 19 世纪全球化浪潮的受益者，“梁启超由一个辅助性的旧政治变革者，变成了一个现代知识分子、舆论领袖、全球旅行家”。这让许知远神往不已，他想沿着梁启超的流亡路线重走一趟，为自己这几年酝酿的一个宏大的写作计划《梁启超传》搜集素材。

2013 年 10 月，许知远暂别同期筹备创业的同事，去伯克利大学做访问学者，远离国内的喧嚣：三中全会、反腐、净网、自贸区、恒大夺冠、消失的律师、被公开审判的媒体人……他像在逃避什么，又在寻找什么。泡图书馆，跟洪门大哥聊天，采访被历史遗忘的流亡者，在孙中山当年坐渡轮的 Sacramento（萨克拉门托）河边喝酒。有一天他在书店买到诗人米沃什的签名书，兴奋地在微信朋友圈里说：“我准备把整个 Shakespeare（莎士比亚，此处应指莎士比亚书店）买给单向街，以证明中国没白崛起……”

历史的复杂，现实的混乱，使许知远迫切想走近梁启超。“他的巨大名声似乎遮蔽了他的复杂的贡献。在中国经历的多重转型中，梁启超都是最重要的参与者；他不仅影响了同代人，也深刻地影响了后来者，包括胡适与毛泽东……”他写《梁启超的美国之旅》，认为国内学者很少把梁启超置身于国际背景：帮助他逃难的是伊藤博文，他在美国访问 J. P. 摩根、西奥多·罗斯福，他还是巴黎和会的见证人，他晚年交谈的对象是泰戈尔、罗素。

但写书过程并不顺利，他经常哀叹：“不懂经学与史学、谈不了佛道，我怎么进入他们的内心，这雄心勃勃、自不量力的传记不知何时能写成啊?!”

意外的是，作家许知远帮创业者许知远发现了历史的传承感：康、梁创办的《清议报》《时务报》、广智书局、万木草堂就是那个乱世的新媒体。他给于威发微信，康、梁的流亡通信竟有“投资、回报、股息与募款，买地皮、修电车轨道、办银行、开书局……”保皇会不仅是流亡的政治组织，还是个商业帝国。梁启超在海外办报纸时，最担心的不是慈禧与光绪，而是库存……

康、梁的革命故事，给单向空间的创业赋予了某种合理性和认同感。

许知远的苦恼似乎得到了缓解。2014 年 11 月，他去佛山市丹灶镇苏村，参观康有为故居，逛“广州起义路”“维新巷”，写专栏“创业者康有为”，既释然，又自省。“这创业的焦灼是帮助我更深地理解了历史的复杂性，还是把我带入了庸俗化的深渊……难道我也要写一本《康有为、梁启超论私募与投资》吗?”

创业者许知远扰乱着作家许知远。2014 年 6 月，结束短暂的伯克利游学，他回到单向空间位于望京花家地、原社科院研究生院老图书馆、缀满爬山虎的四层小楼，像个怪叔叔融入已经有几十号人（大部分是“90 后”）的团队，也像个异类加入国内疯狂的创业大潮。

他在写作和创业之间纠结，比以前更忙碌了；开各种会，“心里颇有正安心成为小业主的得意与惶恐”；着急时发脾气，很快又为严苛而自责；他自嘲时间和注意力被分散了，“一个试图当产品经理的知识分子，的确不是个好作家”。

“我曾是个 dot－commer（互联网行业工作者）”

许知远开始更频繁地见人，参加饭局、“走穴”、演讲。那些热衷于谈痛点、干货、互联网＋的创业者和投资人当场就震惊了。

“一百年前，上海的四马路出版印刷一条街，一半是出版社，另一半是妓院，文人白天去报馆上班，晚上去妓院消遣……那个地方就是中国的硅谷，那时候印刷业是崭新的产业。当时的梁启超是新媒体的创办人，当时的杂志是一种崭新的文体，当梁启超不断谈民主宪政、人权这些观念的时候，这些词汇跟你们现在谈 PE（私募股权投资）、VC（风险投资）是一样的概念。”

2014 年 12 月 5 日，许知远以单向街创始人身份参加一场技术商业论坛，同场的嘉宾还有金山软件 CEO 张宏江、买卖宝 CEO 张小玮、天弘基金 CIO（首席信息官）韩海潮等。他对这些名字感到陌生，但这种创业的狂欢气息他很熟悉。他算是第一代互联网泡沫的尾声参与者，1999 年就加入一家网络公司，那几个月是他一生中最快乐的工作时光……他后来写了一篇流传甚广的《我曾是个 dot－commer》，“这是一次启蒙运动……我不会否认在任何一场运动中，大多数人永远是盲从与愚蠢的。就像所有人都误解dot—commer仅仅是一种追求财富的集体行动。对于更多的普通的中国青年来说，重要的是，他们参加了这场可爱的狂欢，大把地花着别人的钱，然后为自己的青春无理由地喝彩……”

论坛中，大家谈论产品架构、用户增长，许知远不屑这些话题，他与主持人聊梁启超、从印刷革命到信息革命的变迁和值得尊重的文化传统被断裂并破碎。

“陈独秀当年在安徽芜湖开过一家小书店，叫开明书店，这是第一家有落地玻璃窗的书店，里面展示西方最新出版的书。它是什么概念？是他们的“苹果”商店，是崭新的东西，每个时代最重要的是知识生产、观念生产。当年张之洞看到梁启超写的那些书的时候，内心是很矛盾的，因为里面所有词汇都是他陌生的……一切价值都将重估，新创造力正在涌现。”

活动结束后，一些创业者纷纷找到许知远，说真不知道原来每个人都参与了这么伟大的历史性变革。

半个月后，许知远去一场创业大赛当评委，现场氛围让他颇为不适。“强烈的饥渴、粗俗、有生命力、没什么教养。”他怀疑，这一波创业潮里，人文似乎消失了，世界是由BAT（百度、阿里巴巴、腾讯）构成的（最新的词汇是ATM，M指小米），巴尔扎克和托尔斯泰不见了。

2015年元旦，单向空间在杭州国际设计周期间搞了一次行为艺术，“只存在7天的书店”。许知远演讲《重新想象书店》，“在这样高度流动、高度裂变的时代，如何创造新的知识和思想？我特别期待我们都能够参与新的巨大的知识冒险，希望单向空间在这场高科技移民运动中变成一个新的文化载体，新的创造力的原生地。”

他没意识到自己悄然变成了不厌其烦的推销者、公司的产品宣讲人，把单向空间当成虚实交互的可穿戴设备到处扫射：单向空间是一个综合性的文化机构，我们办很多沙龙活动，它是精神上的交流和分享空间；“单厨”，有很好的酒、食物、课堂；“单品”，提供一整套提升阅读体验的优质用品；“微在”，捕捉新一代的语言与情感表达方式……“再也不是传统意义上的书店了，这里是改变一切文化和交融的地带，一个崭新的空间。”

许知远一直以文人、作家、公共知识分子的标签自傲，获得 A 轮千万美元融资后，他的主要身份变成了“小业主”和管理者，患上和其他创业老板一样的综合焦虑症：总觉得每天在给别人发工资，却产出不大；擅长打精神鸡血，但拙于具体实操；外面觉得单向空间蒸蒸日上，但内部感觉效率低下，产品迭代不够快……

他越来越能接受朋友们的建议，比如“重度垂直”，做视频，打造成文化 O2O 模式，据说有利于下一轮融资……他们也耐心地跟不同行业的企业合作，可口可乐、Mini Cooper（宝马的一款车型）、沃尔沃、华为荣耀手机、万达院线等。“我和别人谈合作，需要接受某种妥协，降低姿态，假装‘牛逼’。”

许三观能变成许三多吗？

2015 年 1 月，一场前媒体人的饭局，许知远姗姗来迟。

组局人是前《南方都市报》《新京报》创始人程益中。他打算在香港创办出版社，约张鸣、方三文等商量。此前几个月，21 世纪报系总编沈颢被警方批捕。同月，方三文创办的雪球财经完成 4000 万美元的

C 轮融资。

在媒体业的冬天聚会，许知远并没有觉得抱团取暖，反而有强烈的失败感。中国报业曾经的双子星，都有令人感慨的遭遇……“新闻业的理想主义特性迅速衰落……我们也不可避免地谈起 S，但除去叹息，我们似乎没有更好的表达方式。我发现自己也正在失去谈论这些话题的能力。我们成了一场巨大转变的旁观者……”

倒是方三文的话让人印象深刻。“他对时代的判断是很乐观的，认为还是技术商业会驱动中国社会进化。他已经完全站在资本家那一面了。”

许知远有些意外。方三文是他的北大师兄，6 年前在《南方周末》时，他们还聊过新闻理想的事儿。“但是现在我既替他开心又替他感伤，只是我们不太会谈以前的那些话题了。”

2013 年底，许知远往返伯克利、北京，跟投资人谈融资，发现身边还在做媒体的老友们多半沮丧，但凡创业的则意气风发。“这群好记者、好编辑为什么都要去创业？这个时代需要很多作家、律师、环保分子、NGO（非政府组织），等等，多一个炒美股的价值何在？”

他第一次见挚信资本创始合伙人李曙君，分享了他刚刚结束的缅甸旅行见闻：仰光市貌破败，道路两旁开满三角梅，人们的生活充满希望，特别像中国的 20 世纪 80 年代……两人聊昂山素季、缅甸变迁、民主转型，唯独没提单向街怎么赚钱。李曙君此前投资过豆瓣、果壳、雕刻时光、穷游网等。于威认为，李曙君正是看中这些公司未来能在不同介质上产生新内容的能力。

后来许知远试图介绍单向街的商业模式，李曙君打断了：“知远，这事我觉得你谈不明白，也说不清楚，还是让于威谈吧。”于威是这个团队的老领导，曾就职《经济观察报》、《生活》杂志、搜狐、彭博《商业周刊/中文版》等，是既能翻译叶芝、《纽约客》的文章，又能当门户总编、新媒体出版人的女强人。

很快，单向街获挚信资本千万美元投资。于威任 CEO，许知远是首席哲学家。他们规划了几大产品线："单"系列、"微在"、Young Thinker（年轻思想家）等，迅速在 2014 年多线引爆，"微在""单读""单向街" 3 个微信号已累积超过 60 万粉丝。以加缪、茨威格、博尔赫斯等主题的"文学之夜"，诗意混合着酒意。听刘瑜、朱哲琴朗诵《流动的盛宴》，看杜可风搞展览，跟阿乙聊小说……许知远说："希望以后我们能开连锁的天上人间与单向空间，让驻店作家们遁入逍遥乡。"

于威考虑，单向空间未来的所有产品不会局限于北京的三家店，将更像"移动图书馆"，出现在京、沪、粤的高校、街头、院线等。产品可拆分、可模块化，根据客流量给大家提供体面的阅读环境，"让莎士比亚进入日常生活"。

愤青、投机者不会成为单向空间的员工。"三观很正"很重要，于威说，他们要兼具人文性和现代性，哪怕是恶搞风格的"微在"，也提供的是世界主义的、普世价值的、有智力含量的笑。

每次面（勾）试（搭）人，许知远最经常问："你的理想是什么?""最近读什么书?"以此来判断对方是否与团队"气味相投"。他真正的外号其实叫"许三观"，但不是余华笔下靠卖血来反抗命运的"许三观"，而是靠不断"卖身"、半推半就创业、被多重角色分裂的"许三观"。

"你们看着像乌托邦，其实是富士康。"一个朋友开玩笑说。许知远对创业这件事没有对写作那样有把握，有时需要虚荣的认可。田溯宁惊奇地说，发现许知远好像还挺有领导能力的。还有人说，许知远不像之前那么散漫了，似乎目的性明显增强，“不禁一阵悲凉”。

创业也在更新着许知远的世界观。他开始对从前不屑的商人群体多了一些理解和尊重，马云、马化腾、李彦宏、张朝阳……他偶然看到刘强东的内部演讲，现场几乎所有人都拿着电脑记录，“别的方面我不知道，但是他能让一个这么大的组织运转起来，我觉得非常了不起”。

焦虑的时候，他会躲进历史里，用伟大的知识分子来激励自己，在抽象世界里完成心理平衡。事情太麻烦，他正好有时间去研究《马关条约》。

指引他的梁启超也像个咒语。当年康、梁组建“保救大清皇帝公司”，融资，多元化发展，出版《理财救国论》，成为“文字之奴隶”时，也在为营收焦虑。“他们都是失败的管理人与投资者，他们是理念人，要变成操作者充满困难。1910 年，整个商业网络崩盘，华侨纷纷倒向革命一方……”

单向空间将成为这个时代的维新派还是革命派？许知远能否写出一部不凡的《梁启超传》，还是如他自己撒娇所说，“一个失败的作家，做了一杯失败的咖啡，准备再学习调一杯失败的马提尼、做一款失败的炸酱面……然后安心地写本回忆录《失败咖啡馆之歌》”。

他承认，这可能是他历史上最焦虑的一年。“快 39 岁了，很多压力同时涌来，政治上的压力，创业者的压力，作为知识分子的压力，他们是混在一起的。我最担心的就是既成不了一个好作家，又当不了一个好创业者。”

“许三观”或许应该成为“许三多”。除了“不抛弃，不放弃”，对创业者许知远更合适的格言是：“好好活，就是做有意义的事，做有意义的事情，就是好好活。”“信念这玩意不是说出来的，是做出来的。光荣在于平淡，艰巨在于漫长。”

2015年4月份，单向空间的院子里兰花、樱花烂漫，许知远习惯在室外的长凳子上看书，也从室内火热又琐碎的新叙事革命中短暂抽身。这个下午，他翻开《风雨饮冰室》和《德语文献中的晚清北京》，一边琢磨晚上音频节目要聊的内容，一边焦虑何时能写成工程浩大的《梁启超传》。

(2015年第8期)

王微：追光

告别土豆之后，王微投身电影领域，他二次创业以皮克斯为榜样，希望他的追光动画可以做出媲美好莱坞大片的动画电影。“对当下的我来说，最重要的事情是能不能做出最好的电影，我都不关心它是不是一部动画电影。”

文_**薛芳**　编辑_**张厚**

作为一名创业者，除了互联网，王微还有很多其他梦想。“我希望有一天能写一本很了不起的书，能绕着世界把奇奇怪怪的地方都转一圈，或者有机会去拍一部很了不起的商业电影……”

眼下，这位高高瘦瘦的福建男人正在挥别他的互联网视频梦，同时开始追逐另外一个梦想——在商业电影的道路上大踏步前进。

在商业世界里，王微曾有过让众人艳羡的高光时刻。作为资深的互联网玩家，他创立了中国第一家视频网站——土豆。2005 年春，土豆上线前夜，在上海衡山路的一家酒吧，王微心情不错，他在半湿的餐巾纸上写下：“每个人都是生活的导演。”

但在做土豆的后两年，他却感觉没那么快乐。“第一次觉得没有多好玩是 2008 年，要拿那个视频许可证，后来视频上传又必须审批。那时候第一次觉得非常的无趣，觉得视频要这样的话就不好玩了，变成靠电视剧来打了，产品的作用越来越小，就不那么喜欢了。”

王微放手土豆的决定是在 2012 年年初做的，当时土豆已经上市，他尽了一个老大的责任。2012 年 3 月，中国最大的两家视频网站优酷和土豆宣布以百分之百换股的方式合并。当年七夕，王微辞去土豆 CEO 职务。

告别土豆后，王微用了大半年时间环球旅游，他曾想过买下一块地，做葡萄酒酒庄的庄主，但他很快否定了这个想法，因为“即使酿造出天下第一葡萄酒又如何？人们只会说这个人眼光不错，选了一块不错的地而已”。

“我从土豆退休后，到朋友家瞎转悠，跟他扯淡，我说我应该去做个动画电影公司，他觉得不错。万万没想到，他们跟我说，你做这个东西我们看好你。嚓，做土豆时都没这么表态。”王微笑着回忆。

一年之后，2013 年 4 月，他和另外两位创始人于洲、袁野携手新创立追光动画，重新回归公众视线。二次创业，王微以皮克斯为榜样，希望他的追光动画可以做出媲美好莱坞大片的动画电影。

对于王微来说，这无疑是个艰难的挑战，但他乐于接受。

为什么要进入电影领域？王微的答案是想做点有创造力的事情，希望找回有血气有自由的汉文化。

当然，也总有人喜欢问王微关于跨领域创业这事情，问着问着，就把王微问急了。“大家老说我跨领域创业，我觉得这对我来说完全不是事儿，以前做网站，我们做的就是新东西，很多人以前都不是干这个的，但现在做得还蛮好。”

二次创业，王微的理念是：“对每个人来说，时间都是非常有限的，怎样用好这些时间，对所有人来说都是一样。不浪费他人时间，也不浪费自己时间，我来这里就是追光。”

他和洪晃在《老友记》里曾谈及，自己很喜欢《玩具总动员 3》结尾处的一个场景：长大了的少年安迪将心爱的玩具胡迪送给小姑娘邦妮。“离别是伤感的，又很美好。人总要学会离开。”

王微把自己比作玩具，土豆是安迪，追光动画是邦妮。他陪伴安迪长大，现在要陪伴邦妮成长。

“土豆是我花费 7 年时间，无时无刻不想做成的东西，我对它有很深的感情。但男孩长大了，要有新的生活，到了我必须离开的时候。我要和小女孩在一起，重新开始新的旅程。”

产品经理如何变成好导演

2015 年 3 月 12 日，追光的第一部电影作品《小门神》预告片发布，这是自 2014 年首部动画短片《小夜游》（《小门神》的番外短片）之后，王微再次交出的一份作业。

出现在现场的美团网 CEO 王兴，在看完短片后直呼片子太短不过瘾，很期待电影的上映，而现场的大部分观众也对这部定档 2016 年 1 月的电影满怀期待。对王微来说，观众的热情和期待无疑是对自己的最大肯定。

《小门神》共投资 1.3 亿元，预计两年半制作完成，身为导演和编剧的王微掌控着品质，制片人于洲把握节奏，技术总监袁野负责搭建技术平台。王微说，对于《小门神》的剧本，他已经修改到了第30版。

在追光动画，王微除了创始人身份，还是导演和编剧。他进入了一天工作16个小时的节奏，常常陷入纠结，比如一个场景用三个字说还是五个字说，比如人物是先有一点焦虑再笑，还是笑完再有一点焦虑，诸如此类。但他似乎也很享受。

“其实作品就是产品，产品就是作品，没什么区别。我们属于工程师出身，属于特别较真的人，到底做出来的东西是不是能达到你的要求，就是这么件事儿。”对于王微来说，做导演和当年在土豆做产品经理没什么区别。

作为导演的王微是个拍板的角色，他的终极目的是让角色在物理世界里真实地存在。“动画片全是后期，片中的每一个东西都是我们自己造出来的，它对后期制作的要求非常高，我们最终是想看到自己描述的那个世界能够活过来，需要仔细打磨和推敲，我觉得挺适合我们这种做技术出身的人。”

《小门神》中有很多银杏树，为了让它们远看近看都逼真，王微要求模型组的同事为每片叶子都建模，一片银杏叶上有33个面，而整棵银杏树共有732540个面。与使用透明贴图相比，每一帧需要多花1～2个小时，而1秒钟电影由24帧组成。

对王微来说，花多的时间可以让片中的银杏树和各种物体活灵活现，但如果涉及片中现场氛围的营造，他也会感到有些挠头。

“我刚去看了一下镜头，一个大人和小孩并排躺在一起，但这个镜头怎么看都有点暧昧，我已经纠结了快两个月了，我的解决方案就是盯着对面那堵墙，三天三夜，七天七夜……一般只要时间够久，就都会找到解决方案。”王微说。

这两年，王微一直在现场，每天都会遇到各种各样的问题：动画片空气里有粉尘，是大颗粒的粉尘还是带雾气的那种粉尘？打开门，门里是一眼望去透明的还是有一团烟雾？这烟雾到底有多厚？是烧木材烧出来的烟雾，还是烧纸烧出来的烟雾？

“比如说，看到一个镜头，里面有个通道，一稿出来，我一看不对，那个光打上后，通道竟然有了意大利家具的感觉。过两天他们又来问：这黄是用深黄、浅黄还是沙子的黄？因为这一切都是我们造出来的，好玩在这，难度也在这儿。”

与以前在土豆工作不同，在动画影片的制作过程中，王微需要注意不能让自己太累，因为作为导演的他，太累的话对镜头的感受力就会差一些，“如果没有感觉，我就没办法做这个事情了”。

此外，身为导演，王微必须还得懂得构图和审美，所幸这些方面对王微来说都还 OK。“我好像突然发现，以前读的那些七七八八很杂的东西，从技术到艺术到哲学到心理学，原来还都挺有用的。”

当然，这也与他早前的经历不无关系，就连他自己也承认，之所以能够担当导演的重任，一方面是源于自己现阶段的学习，另一方面也与 19 岁到 20 岁时在纽约的经历有关，“我那时的时光基本泡在纽约市的博物馆和大都会”。

1973 年出生于福州的王微，去美国之前是一个叛逆青年，高考落榜，在家喝酒、打架、闲逛了两年。经历了成长烦恼的王微，开始感到恐慌，他渴望去一个陌生的地方重新来过，并在 19 岁那年申请到纽约一所学校的奖学金。

决定二次创业后，王微里里外外见了 300 多位动画和电影业内人士，请教他们如何建立并创办一家动画电影工作室。比如，动画电影的导演是做什么的？一部片子的预算是多少？制作流程有哪些？慢慢地，他开始对这些东西有了些系统的了解。

除了找人聊天，他熟悉一个领域的另外一种方式是看书。由于要拍摄动画电影，大量导演的自传，比如黑泽明和宫崎骏的自传，就成为王微的必读书目，他还看了二三十本好莱坞导演、编剧的书，如罗伯特·麦基的《故事：材质、结构、风格和银幕剧作的原理》，希望能够从中得到更多的启发。

“不忘初心？ 有点扯淡”

王微把电影的剧本视为重中之重，他推崇皮克斯首席创意官约翰·拉塞特的观点：在皮克斯，我们拥有可能是世界上最好的动画制作技术，但我们始终在提醒自己，故事仍然是一部电影中最重要的部分。

王微将《小门神》的故事设定发生在神界和人间的江南小镇。故事的梗概是：门神神荼和郁垒是两兄弟，因为近些年人间对神仙们的冷落，他们面临下岗的危险。于是，门神两兄弟先后来到人间，遇到了小镇上的单亲母亲小英和她的女儿雨儿，之后发生了一系列有趣、惊险的故事。

之所以要拍这样一种类型的动画电影，源于王微自己的一段个人经历。2013 年 2 月，他去曼谷旅游，路过泰王皇宫，看到门口立着两尊中国明清时代的青石雕塑神像。这种雕像，王微曾在福建老家见过。

不过，在泰国看到类似的雕像，让王微联想到了新与旧的冲突，进而又联想到了门神失业，觉得这个题材有意思。

回国后，他开始创作《小门神》剧本，仅仅用了两周时间，王微就写完剧本大纲。“每天看到同事们为了一个画面费尽心血，我也会尽力琢磨剧本中出现的每一个字，我尽量做到每个字都是千锤百炼的，而不是兴之所至、毫无构思的二流作品。”

在接受采访的这天早晨，从家到公司的半个小时内，王微还坐在车上反复雕琢一句台词——“就会有大灾祸”。他在琢磨，“大灾祸”这三个字是不是有更好的说法。通常，王微在上下班的路上会想一些类似的问题。

“故事其实很简单，就像下水道的工人把这两根管道给接在一起，它通了，就可以工作了，就是一个好故事，一个好剧本。”王微说，“每一个角色所做的事情都必须符合其性格和身份，角色活过来，做自己该做的事情。故事只是搭建一个平台。”

其实，早在追光创立之前，王微就已经在尝试进行剧本创作了。离开土豆后，王微开始环游世界。这个过程中，他开始写剧本。第一个剧本的故事是个悲剧，发生在三里屯，主角是三里屯的车夫，而他真实的身份是愤怒的黑客，他把自己藏在三里屯，目的是想毁灭世界。第二个剧本的主角是他家养的两只猫，它们从来没离开过屋子，屋子就是它们的全世界。这让王微觉得很伤感。最终，猫学会了制造火箭，把自己发射到了外面。第三个剧本就是古代门神来到了现代世界，后来成了追光动画第一部电影《小门神》的剧本。

在《小门神》的故事里，面临境遇的变化，两位门神是该坚守自己的初心，还是选择拥抱命运？王微的答案是：不忘初心？有点扯淡。

“我在微博上看到一个小段子，说黄鼠狼在鸡窝门口插了个牌子：不忘初心，展翅高飞。然后黄鼠狼就在鸡窝门口等着，一个鸡飞出来摔死了，它的早饭就解决了。当然这是个玩笑。但很多东西都可以这样去演绎，这个世界好玩的地方也在于此。至于《小门神》故事最后的结局，你还是去看电影。”

早在刚开始写作时，王微就养成了一个创作习惯，脑子里一定是先有画面，然后用文字把它描述出来。正因为如此，他的文字很有画面感。至于如何才能保证不才思枯竭，王微引用海明威的一句话回答道：“我已经学会决不要把我的写作之井汲空，而总是在井底深处还留下一些水的时候停笔，并让那给井供水的泉源在夜里把井重新灌满。”

现在，王微将每天的相当大一部分精力花在剧本创作上，他非常欣赏电影大师黑泽明的剧本哲学：工作不可一日停歇。用他的话来说，写剧本如同马拉松长跑，不能抬头，目光微微向下，紧紧盯着前方一点，默默地进行，这样一个劲地奔跑才能到达终点站。

“我 6 点半起床，先去跑 1 公里，而后坐在书桌前开始写作。8 点左右，我去吃早饭，8 点半出门，9 点到公司，而后工作到晚上 7 点，我的一天差不多就结束了，每天都是一模一样的。”

除了《小门神》，追光动画未来还将制作更多的动画电影，接下来已经确定的是两部分别关于机器人和茶宠的片子。与《小门神》一样，王微依然集导演与编剧于一身。在他看来，身兼导演和编剧是一种必然的趋势，世界电影史上能留下痕迹的导演都是这么做的，比如导演《罗生门》和《七武士》的黑泽明。

用互联网思维做动画

“对当下的我来说，最重要的事情是我们能不能做出最好的电影，我都不关心它是不是一部动画电影。以前我们做土豆的时候也一样，我最关心的是我们是不是能做到 YouTube（全球最大的视频网站）那样。作为公司，我们能不能跟它做得一样好。”王微说。

这个高高瘦瘦的青年人二次创业的目标是把他的追光动画做成中国的皮克斯。跟皮克斯比起来，中国的动画电影还处于粗制滥造的阶段，投入少，制作时间短。

王微和他的团队希望改变这种局面。

追光动画联合创始人于洲担任了《小门神》的制片人，他的工作是搭建团队、筹划架构、做预算、找投资。这些对他来说都不算太难，但构成挑战的是保证项目进度，还有就是推进各个层面的战略合作，如院线、票务网站、衍生品、游戏、玩具等。

像于洲所说，找钱对追光动画来说相对简单。《商业周刊/中文版》曾报道称，中国动画电影公司致命的失败是资金链断裂、核心团队流失。有些公司押宝在一部电影上，成了公司就好，败了公司就垮。而王微做追光动画的优势之一便是资本充裕。他不缺钱，整一部片子1000万美元对他也不是什么难事，但他不希望别人认为他是在玩票，所以引进基金投资，规范公司管理。

“做这样的事，第一要有钱，第二要有耐心，熬四五年做那么一部大作出来，第三他得是一个完美主义者。王微是赚过钱的人，又是个完美主义者。一般人不会去干这种事，这是疯子干的，而他就是那种疯子。我觉得他能把这事儿给干成。”作为追光动画融资财务顾问，华兴资本的老大包凡对王微的尝试给予了充分肯定。

为了制作出一部可以媲美好莱坞的动画电影出来，王微还曾远赴美国取经。2012 年年末，他曾多次造访皮克斯。在皮克斯，三分之一的人做艺术，三分之一的人做项目管理，三分之一的人做技术。而现在的追光动画，同样也是分为技术、项目和艺术三个方向。

追光动画刚建立时就不像一家电影公司，在其对外宣传中，并不大谈剧本和动画形象。创始人之一的于洲负责搭建管理平台，创始人之一的袁野负责搭建技术平台，而后才开始招募各种艺术类人才。

“追光刚成立那会，我们最大的挑战是人，我们完全茫然。人在哪儿？这么多人学动画，到底他们去哪儿了？不知道。谁在做动画？不知道，没地儿找。我们找猎头公司，他们也不知道做动画的人在哪儿，我们就只能自己去找。”王微曾经很困惑。

从 2012 年末开始，王微在全球各地寻找人才，他曾在 2013 年年初两次飞到加利福尼亚州，与 100 多位美国电影行业的人士会面。据王微回忆，多数人都不想把家搬到中国，北京严重的空气污染是一个很大的阻力。

但王微并不是一无所获。他第一次去加利福尼亚州时招募到美国电影业内资深人士科林，成功邀请对方担任追光动画总监。科林来自美国皮克斯动画工作室，是《玩具总动员》系列的动画师之一，并担任《玩具总动员 2》初期的联合导演。2013 年 4 月，梦工厂动画公司原高级灯光师韩雷加盟追光，他曾参与《功夫熊猫》系列、《怪物史莱克》等卖座动画片的制作。

于洲介绍，目前追光团队已有 190 人，这些人大多都是通过朋友推荐的方式找到的，他们大多来自国内同行公司，都曾完成过一部以上商业动画片。

角色特效组的组长李风炫来追光应聘，就是朋友推荐的。2013年10月，她来追光面试结束后，追光人力资源总监Grace和她约定，晚上6点给她电话，但Grace到晚上11点才给她电话。在李风炫看来，Grace完全可以第二天再给她电话，但哑着嗓子的Grace跟她说，“今天的事情必须今天做完”。

李风炫的工作是角色头发、皮毛、布料的形态和动态控制，她有13年的工作经验，曾参与《魔比斯环》的制作。她也当过老师，教过模型、初级绑定和特效，现在她在追光的好几个同事都是她以前的学生。

经营一家动画制作公司，除了招募到顶尖人才，王微还必须面临其他之前没有遇到过的挑战。“一开始做的时候，需要做非常复杂的一个系统，把所有东西搭在一起工作，大家搞得焦头烂额，鸡飞狗跳地做了一年时间。”

最终，还是技术总监袁野帮王微解决了这个问题。在追光，所有的技术都是自己做的，没有外包，最多只从美国购买软件。追光动画购买了业界顶级的制作工具，例如Maya、Houdini、Katana、Shotgun、Z—brush以及Arnold等。

可能是因为王微在土豆时的经历，看上去，追光动画就像一个互联网公司。王微没有自己独立的办公室，坐在开放办公区；员工都有公司的股票期权；早上有班车接送，中午有阿姨做饭。

更重要的是，王微希望建立一种互联网式的企业文化——快速反馈、快速开发产品、不断迭代修改、信息公开透明、互相信任、分享。在他看来，动画艺术家和程序员在本质上是相似的，都是技术工种，逻辑性强，思考方式都是把抽象理念转化成一个具体的东西。

王微明白，互联网公司做产品重点是迭代，发现问题就修改，不断地修改。在追光动画，艺术家们都放弃了自己的小清高。刚开始王微发现，一些艺术家一说到需要修改作品就暴跳如雷、面红耳赤。于是王微以身作则，他的剧本大家都可以提意见修改，没有王微这个人，只有追光动画的产品。

最后，王微得出结论，用互联网公司的方法去管理追光的团队是OK的。在他看来，世界在改变，方式也应该改变。

一位土豆的前高管回忆，在土豆时，王微是个脾气火爆的人，同事们都有点怕他。二次创业后，王微变得宽容，能看到每个人的缺点和优点。在追光动画，他的心态变得很好。他说，心态平和了，作品里才会呈现出相应的气质。

"在土豆的时候，我是属于白天工作，各种烦闷，晚上必须得找一个地方发泄一下。而现在，我情感里的那些东西都到镜头和画面里去了，下了班就回家，到家后发现自己现在的情绪特别干净。"

王微说，他很享受现在的工作节奏和工作方式，踏实而有意义。

2004年10月，王微和荷兰好友马克·范德齐斯徒步攀登乞力马扎罗山。花了三天半时间到达峰顶，待了10分钟，喘了几口气，拍了几张照，大脑里也全然没有愉快。但对王微来说，爬山的体验是强烈的，他喜欢这种感觉——"抬脚，踩实，身体向前倾，再抬脚，踩实，呼吸……身体逐渐进入节奏。"

移步换景，九年之后，王微成为追光动画的创始人和CEO。告别土豆后，王微的二次创业，似乎在重温当年徒步攀登乞力马扎罗山的体验。“动画电影的制作周期比较长，一步一步一步……我有足够多的时间去学习。如果换一种情况，200个人坐在那儿，一个月内要把电影拍出来，我肯定会搞砸的。”

(2015年第5期)

彭小峰：冒险家再出发

从光伏到电商，再到能源互联网，彭小峰的创业戏剧性在于，每次人们认为他倒下来，但他换了个地方又站了起来。这次前新能源首富能够借助互联网再次撼动新能源产业吗？

文_**朱晓培**　编辑_**商思林**

即使在动辄融资上亿美元，移动互联网创业的体量和速度越来越刷新人们基础认知的2014年，1月20日在北京中国大饭店公布的一个消息也是创纪录式的：八个月，5轮融资，3亿美元。

股东名单上是一长串显赫的名字：央企新兴际华、中节能集团，以及史玉柱、恒大许家印、动向体育陈义红、科瑞基金郑跃文、联合金融蔡朝晖、城市地产王张兴这些企业大佬。

这个注定再次触动“万众创业”心弦的故事的主角，并非传统意义上的互联网圈内人士，而是很久未出现在公众视线内的彭小峰。被公认为“冒险家”的彭小峰2005年创建了赛维LDK，只用了二十四个月的时间，就带领其成为当时中国企业“纽交所”最大 IPO（首次公开募股），并以 400 亿身家成为福布斯排行榜中国新能源首富。但随着 2008 年全球经济放缓，阴霾蔓延，新能源产业在全球范围内遭受巨创，彭小峰也在 2014 年辞去赛维董事长一职。

沉寂将近一年，2015 年彭小峰带着 SPI（Solar Power Internet，阳光动力能源互联网股份有限公司）董事长的头衔又杀了回来。1 月 20 日，彭小峰出现在了北京中国大饭店地下一层的会议室里，SPI 在这里举行了“绿能宝上市暨阳光动力平台上线发布会”。他神情轻松，笑盈盈地向每位跟他打招呼的人推销 SPI 的新产品——绿能宝，全球首款将新能源与理财结合的太阳能类金融理财产品。其中首个产品“美桔 1 号”，投资标的为位于河北省邢台市巨鹿县的一个 50 兆瓦农业大棚光伏发电项目，年化收益率达 10%，这款产品在上线 24 小时后宣告售罄。

几乎所有人都评价彭小峰整个人都变得放松了。以往，他总是匆匆忙忙、神情凝重，这一次他看起来终于不像时刻准备去应战了。

“SPI 可能创投资界的一个记录了吧。都是朋友，一直觉得（我）人靠谱，困难的时候都帮一下。”彭小峰淡然地描述自己与这些支持者的关系。“跟以前的制造业不同，我们现在的模式基本上是需要跟各行各业交朋友的。”下午 5 点，在忙碌了一天后，彭小峰坐在了《财经天下》周刊记者的面前。

他甚至主动提出来加微信，并在通过微信请求后主动发来一句，“以后常联系”。在过去，他对记者并没有这样开放，他很少接受媒体采访，甚至半开玩笑地对相熟的记者说：记者和分析师从来没有看对过一家伟大的公司。

“交了那么多学费嘛，总会有进步，这是毫无疑问的。”昂贵的学费，让彭小峰悟出了最简单的道理，“要顺势而为，不要逆水行舟”。在2个小时的对话中，他至少16次提到了“势”这个词。

2015年1月28日，彭小峰更新了已经中断了一年的新浪认证微博。他在微博中写道：“叶子的离开，不是风的追求，也不是树的挽留，而是命运的安排。有时候离开并不意味着结束，而是——另一种开始！”他的认证信息是“阳光动力电子商务（上海）有限公司董事长”。当记者提到辞任赛维董事长的时候，他下意识地双手合十放在了唇边，“现在赛维的全职工作已经是翻过去了”。

对“摔过跤的人”的宽容

“都以为他被打趴下了，结果他竟然站起来了。”在SPI的发布会上，国务院参事、中国可再生能源学会理事长石定寰少有地呼吁行业支持“小峰同志”。SPI的发布会现场来了800多人，很多人是发布会开到一半，被朋友圈刷屏给吸引来的，站在会场最后面听完发布会。一位资深的新能源从业者说，很多许久未现身的新能源人物都来了，连当年对彭小峰颇有意见的“友商”都来捧场，现场像个大Party，好像是整个行业都在压抑了数年后终于迎来一个“大事件”。

尽管赛维仍未走出困境，但彭小峰愿意用个人财产为赛维担保的担当和每次跌倒后都迅速爬起来的意志力，让这位准备东山再起的昔日“枭雄”赢得了比以往更多的认可。在过去的十年里，即便是赛维鼎盛时期，彭小峰也经常面对来自外界的非议，被认为“赌性”太大。

从柳新、赛维、非凡定美社，到SPI，这是彭小峰第四次出发。

2014年8月，赛维海外债务重组进入关键阶段，彭小峰宣布辞去赛维董事长一职，专注精力做SPI。“绿能宝，是一个致力于推广新能源应用的公司，它是新能源研发与制造的延深。”彭小峰说，进军能源互联网业，这是顺势而为的时代需求。

这也不是他第一次进军互联网业。

2013 年 9 月，彭小峰投资成立了一家根据会员的需求定制商品的 C2B（Consumer to Business，即消费者到企业）网站——非凡定美社。2014 年初，由于彭小峰为赛维海外债务提供了个人担保，而遭赛维海外债权人连带起诉，彭小峰个人破产，非凡定美社没有了资金来源而搁浅。按照彭小峰的设想，非凡定美社帮助用户组建一个强大的采购集团，根据用户需求定制生产，让用户用工厂直供价格买到单件商品。当时，外界对于彭小峰转做电商的理解是：赛维几百亿的生意他已经做过，当今中国能够撬动大量资金，且适合创业，除了电商无疑。

彭小峰对《财经天下》周刊强调说，这只是一个试错的投资行为。“那是一直测试的商业模式。2014 年 8 月前我一直全职在赛维工作，8 月后全职在 SPI 工作，我的信念是专注地做事。”他说，只要专注地做一件事情，没有做不好的。

彭小峰接手后的 SPI 再次进入了一个高速发展的轨道上，不到 8 个月融资 5 次。

2014 年 5 月，完成 2175 万美元的普通股私募配售；7 月 29 日，完成 2500 万美元普通股的私募配售；10 月 21 日，完成 4380 万美元普通股的私募配售；11 月 7 日，完成 4825 万美元普通股的私募配售；12 月 15 日，在史玉柱的牵头下，完成总额达 1.4 亿美元私募配售购买协议；2015 年 1 月 30 日，又宣布完成 7000 万美元的私募配售安排。

“融资都是彭小峰去做的。”赛维前高级副总裁、现 SPI CEO 夏侯敏说。彭小峰认为，融资速度只是符合了 SPI 发展的需要。“速度是一个执行效率的问题，互联网就讲究速度。”

这一次，动向体育陈义红说他相信彭小峰能把事情做好，史玉柱更多的可能是跟彭小峰惺惺相惜。

“企业家可能更理解企业家的困难吧。”彭小峰说，中国现在的商业环境，对他这样一个“摔过跤的人”的容忍大了很多。“如果说我们国家确实要鼓励创业的话，那肯定是要容忍各种挫折嘛，没有一个人是一帆风顺的。他们没有因为我遇到困难就跑开了，他们觉得你就像朋友一样，摔了跤。”

“他作为一个企业家，是个负责任的企业家，在赛维的时候，他也是把自己的身家性命押在了整个公司里面，公司是一个有限公司啊。”夏侯敏说，因为彭小峰的努力，赛维最终没有倒下，1 万多员工得以保存，“他的信用没有破产，最艰难的时期他的韧性打动了周围人”。

彭小峰的好友，中国能源网首席信息官韩晓平说第一次见到彭小峰，就想起了曾国藩。“曾国藩开始老是打败仗，他写了一个东西，说屡战屡败。但他身边的一个人就把这个改成了屡败屡战。屡战屡败强调败，而屡败屡战强调一个‘战’字。最后反而给他一个褒奖。”

成“势”，败“势”

“你努力是一方面，但重要的是大势。你说诺基亚它不努力吗？逆水行舟是很难的，但顺势而为是相对容易的。”彭小峰说，“SPI 现在将新能源和互联网结合在一起，也是想借新能源利用和互联网应用以及普通大众对绿色环保的期待这个势。”每说到“势”的时候，彭小峰总会不由自主地加重语气。毫无疑问，彭小峰是国内创业者中，对

"势"有着最痛彻的领悟的那批人之一。

冒险家特具的敏锐嗅觉，总能让他们捕得大势来临的气息，从而率先一步做好布局。但他们往往急于前冲，一旦大势急转直下，他们又成了摔得最惨的那部分人。实际上，拉手网前 CEO 吴波、凡客创始人陈年和彭小峰都属于这一部分人，而他们的人生轨迹也颇为相似。

"彭小峰对新事物特别敏感，每次创业都很有市场眼光，能在创业之初在市场上占尽先机。"夏侯敏说，"他 20 多岁就能做成亚洲最大的劳保用品商，然后马上就能转向新能源，在两年前他就看到了能源互联网的机会，你们看他的微博，那时候就提出要把互联网和新能源做个有机的结合。"

确实。1997 年，年仅 22 岁的彭小峰带着 2 万元到苏州做外贸生意，通过在香港注册流星实业有限公司跳过香港中间代理商，直接把货物销往国外。几个月后，又转向实业，创立苏州柳新集团，生产手套、眼镜、口罩、安全鞋、电动工具等安防产品，迅速成为亚洲第一大劳保产品生产商。到 2004 年，柳新集团已经帮助彭小峰完成了上亿元的资金积累。

"也是借势啊。那个时候中国产品出口到国外，随便生产什么出口都能干起来，那个时代就是这样的。"回顾自己的第一桶金，这个出生于江西省吉安市安福县一个农村家庭的企业家总结说。

彼时，彭小峰年仅 29 岁，过早的成功，让这位年轻人的野心变得更加大。

2003 年前后，经常出差欧洲的彭小峰发现那里的人们都在谈论新能源，他隐约感到这是一个大市场。他找来报纸杂志——研究了风能、生物柴油、燃料乙醇、垃圾发电等，并最终将新目标锁定在了光伏。

偶然的机会，彭小峰见到了新余市负责招商的领导，在与后者交谈过后，他最终下定决心在江西新余展开他的太阳能项目。后来，有人问彭小峰为何放弃做大的劳保产业，投身太阳能产业。他回答说："太阳能市场足够大，还有很多领域我们可以做得更好；而劳保产品我们当时已经做到亚洲领先，再做下去也很难。此外，我当时还不到30岁，在我看来，做新能源产业比做传统行业对社会的贡献更大。"

彼时，整个光伏行业都已进入了快车道，为了搭上这一趟快车，彭小峰带领下的赛维不断下注。2005年，赛维买下了全球唯一能提供优质光伏产业全套生产设备的公司GT SOLAR近70%的产品，因为GT交货周期长，赛维的这种做法有效地树立起了行业壁垒。后来者再想拷贝赛维时，可能要一年后才能拿到生产设备。此后，赛维一路跃进，成为全球最大的硅片制造商。2007年6月1日，赛维创建2年后，成为继无锡尚德、常州天合之后第三家登陆美国主板市场——纽约政券交易所的中国光伏企业，融资总额高达4.69亿美元。到2008年8月份，赛维已经成为世界最大的多晶硅生产企业。

当时，一度风传所有的风险投资都往江西新余跑，去看一个正在筹建的叫赛维的公司。到2008年，赛维平均年增长速度300%，这足以让任何一家错过它的风险资本后悔。

"大势上面，我们有钱、有资源，也确实需要。我们的客户拿着几十亿的现金存在我们账上，预付款、定金，签十年合同，很多都是世界五百强和上市公司，一签就是10年，钱都打到你账上，让你交货，你不做吗？"回忆起赛维快速增长的那段时间，彭小峰还是掩饰不住激动，但他随即陷入短暂的沉默，"很多公司都不在了。一签合同10年，第二周就付了2.49亿欧元进来。签十年的合同，就想：钱都过来了，总不会破产吧，当时就是这么好的情况。”但随着光伏补贴的下滑和市场趋于理性，赛维的大客户们相继破产，就连道达尔石油、三菱、GE也都退出了光伏项目。

在市场大好的时候，一路狂奔式的发展是有效的。但当市场衰退，过快的速度和庞大的规模就会使企业像一辆从FI赛道上冲向护栏的赛车，损失惨重。2011年后，当欧美先后对中国实行“双反”政策，欧美政府对光伏市场补贴缩减，以及资本市场遇冷等因素一起发酵时，赛维就成了那辆冲出赛道的赛车。

彭小峰不愿多谈他到底如何度过2013年底那段最艰难的时光，但艰辛的程度从他对大环境允许他重新来一次的感谢上可见一斑。“过去10年的确交了很多学费，也努力了，顺风过，也逆风过，SPI是从零甚至是从负资产开始的，现在准备好了。”

2012年，是彭小峰最困难的一年。这一年，刚满37岁的他疲于应付，供应商、客户、银行和媒体都在想尽办法接近他——要债或者询问他对困难的看法。2012年4月30日，赛维在推迟了多日之后终于公布2011年第四季度财报，数据显示2011年第四季度赛维总计亏损5.887亿美元，负债总额60亿美元，负债率达到87.7%，这是赛维连续亏损的第三个季度。

拖累赛维的是从2008年开始，投资120多亿元、产能15000吨的马洪硅料厂，它堪称当时地球上单体最大的多晶硅项目。2011年初，彭小峰为了能让多晶硅业务上市融资，甚至押上了个人资产作为担保，这一度让他个人濒临破产。

最终，为了引进战略投资者，2013年彭小峰辞任赛维CEO一职。

随后为了海外债务顺利重组，又于2014年辞去赛维董事长一职。“赛维债务重组的事情终于完成了。我现在只是赛维的大股东，在董事会与管理层都不再任职了。”彭小峰说。

“赛维的创业主要是因为欧美的突然‘双反’，这是个政治事件，是我们始料未及的，这也造成了我人生中的一个低谷期。”彭小峰总结说。

一切朝前看

因为没有及时在多晶硅项目上刹车，彭小峰一度被赛维的海外债权人要求个人破产；投资电商业务搁浅；再次出发将新能源行业与互联网结合在一起。这一系列惊心动魄的剧情背后，不仅仅是靠着“赌性”或者“敏锐”就能完成的。

他一直在通过寻找新机会来解决历史问题，这一次，他的方向是互联网新能源。

中国光伏行业在2011年遭遇欧洲反倾销政策，整个行业直转而下时，彭小峰的一次看起来不起眼的投资，事后成了他东山再起的关键平台。赛维LDK于2011年以约3300万美元收购美国场外柜台交易系统挂牌公司SPI 70%的股份。这一公司此前的业务是在美国投资光伏发电站，是赛维制造业的下游。

彭小峰正式担任SPI董事长后，开始迅速调整SPI的业务方向——把一个封闭的行业向公众打开。

这个决策的基础，源自彭小峰对光伏发电市场关键节点的判断。在上一轮新能源浪潮中，中国只是扮演了制造者的角色，光伏电池板大部分都出口到欧美市场。这种格局的风险性在欧洲经济危机中暴露无遗。在5年前，中国政府开始培育自己的光伏市场。到2014年时，政府补贴加上发电成本的持续下降，使得光伏发电的价格已经降到每度0.5元以下，已经可以与火电竞争，具备了走向千家万户的可能。

但在2014年，政府规划的14G瓦发电量只完成了不到一半，尤其是政府鼓励发展的分布式发电——比如农村的蔬菜大棚、农舍、工厂屋顶、别墅等小型发电站更是进展缓慢。

“持有分布式电站的都是民企或是小企业，大的发电集团看不上，民企在银行融资都是很困难的，所以我想通过这样一个绿能宝的平台，让普通人有参与环保投资的机会，又为行业解决一个融资难的问题。”在彭小峰的想法里，绿能宝将成为新能源融资租赁平台中的京东。

绿能宝是希望的关键。“‘美桔1号’只是SPI投资近1亿美元的50兆瓦项目中的一小部分。”SPI CEO夏侯敏说，与货币基金不同，绿能宝是基于实际存在的下游光伏电站项目。锁定期后，投资者便可收入租金（月结算），并随时转让，如果没有别人接盘，SPI就会接单。在“美桔1号”后，SPI又推出了“美桔2号”，投资标的为寿光菜央子盐场排淡池5兆瓦（功率）分布式并网光伏发电项目。

2015年1月20日，彭小峰在SPI的发布会现场演示了SPI的其他新项目，从互联网金融、虚拟游戏到电站投资一共9个业务板块。其中，美桔商城，是太阳能发电板这类新能源产品的B2C平台；新维智能，为小商业及家庭太阳能光伏系统的O2O服务；生态家园，经营生态家园游戏与虚拟现实游戏；碳豆银行，网络碳减排金融交易平台；发电宝租赁，个人可以将购买的发电组建委托给绿能宝租赁，并将其安装至光伏太阳能电站。

其中，除了发电收益和转售产品变现之外，投资者还可以获得碳交易方面的收益。由太阳能发电所产生的发电量与传统能源发电的碳排放量比率，根据国际碳交易政策，进行比例换算得出虚拟收益——碳豆。用户可以将碳豆存入碳豆银行，还可以在生态家园游戏中兑换各种模拟道具并参加一些优惠活动。

连接新能源与互联网金融，并把“O2O”“虚拟现实游戏”这类概念引入后，彭小峰的SPI更像是一个互联网创业项目，给了资本足够大的想象空间。

为了让布局落地，彭小峰开始频繁出现在各种会议上。他说自己知道谁是马佳佳和雕爷，也知道谁是余佳文。他还向苹果学设计，向阿里巴巴学价值观，向腾讯学做产品，向小米学社会化营销，研究如何能以一种“好玩、有趣、公益且有收益”的方式做新能源。“我也是成长在互联网背景下的一代，为什么不懂互联网?”他自我打趣道。

最能体现互联网思维的可能还是绿能宝的收益策略。目前光伏电站的投资收益在12%～15%，绿能宝给个人的收益就达到10%。这与小米公司的“不赚钱”策略异曲同工。但对一些新能源业内人士来说，这么做存在很大风险。彭小峰表示，首款产品推出10%的收益，是要把发电主要的收益让给用户和消费者，“参与越早的用户收益越高。现在两款产品，美桔收益是10%，美橙是建好的电站，收益为9%。把量做上去之后，即使很低的收益率，我们也能有不错收益”。

在采访的时候，夏侯敏接了一个电话，然后大笑着打断了我们和彭小峰的对话，“彭总，报告一个好消息，××银行4000万美元的贷款批下来了。”然后，他补充了一句：“最困难的时候，不是今天，也不是昨天，是前天。前天都过去了。”

采访将近结束的时候，彭小峰掏出一张自己的名片，指给《财经天下》周刊的记者看，“我们中间就是一个太极，太极就是阴阳，而整个商标是阳光的 7 个颜色——赤橙黄绿青蓝紫。这就是人生，是多彩的，变化的”。

沉默了一会儿，他总结道：“全身心专注做一件事情，我到现在都没有碰壁。只要是全身心做了，方向对，基本上都能做成，只是时间长短的问题。像绿能宝，我也没有指望它碰到台风来，吹到天上去，没有必要。我们希望就像熬汤一样的，通过口碑慢慢熬，只要产品好，这汤肯定好喝的。吹到天上的猪，掉下来，还是猪。”接着，他又开始推销他的绿能宝产品，“羊年过年要送美桔红包，你表现好，你应该去问你们老板要美桔红包。”

在后来的一次采访中，彭小峰无意间提到：“这次也是希望能通过另外一种形式帮助赛维，助其复兴，因为赛维是 SPI 的股东。”

(2015 年第 3 期)

决裂陈年

凡客二次创业，陈年坚决地和过去决裂。

文_**朱晓培**　编辑_**胡刘继**

陈年脱下袜子，光脚踩在地毯上。

他用手摸着前脚掌两侧的关节，抬起头问《财经天下》周刊记者："知道为什么很多欧美的潮牌板鞋会磨脚吗?"他自问自答："因为欧美人的脚都是瘦长型的，而中国人的脚这个地方会比较宽，所以做鞋一定要注意防压。这里面太多讲究了，我现在不关心外面（的评论），我只关心这些细节。"

陈年身边摆了好几个大纸箱子，里面放着各种衣服，一些是陈年从外面买的，一些是准备试穿的凡客的样品。对面是占据两面墙壁的书柜，上面摆满了各种书籍，小米的各种产品夹杂其中。大部分书看起来很旧，出版于1980年至2000年之间，那是他看书最多的时候。这里是陈年的办公室。

2014年9月，为了表示决心，他在租期未到的情况下，将公司总部从北京南二环内的雍贵中心搬到了南五环外亦庄的这座三栋建筑组成的连体小楼。这次搬家，仅租金就损失了千万元。“我们就是要表明态度，唯有去骄去躁，才能让这个公司健康起来。”陈年说。

一度，陈年是中国最风光的互联网大佬，和他齐名的只有阿里的马云和京东的刘强东。2011年11月，凡客的高管都已经办好了去美国的签证，甚至提前吃了庆功宴。在那个晚宴上，陈年志得意满地宣布，第二天就要去路演，再见面可能就是半个月后在美国IPO了。但当天晚上特别晚的时候，陈年突然宣布暂时放弃IPO。2014年8月，陈年又宣布凡客砍掉绝大多数业务，从“做好一件衬衫”为起点，重新开始。

如今，阿里巴巴和京东都已经在美国上市，在中国互联网科技公司中市值位居第一和第四。而陈年的凡客已经裁员到只有两三百人，这其中的心里落差，只有他自己能体味。

当被问到改变的过程是否困难的时候，陈年语气开始有点急促：“主动缩减规模谁不困难？姑娘，把这事儿放在你这儿，你试试看。我们把一个13000人的公司，减成一个两三百人的公司，你减减看！”他把双臂从沙发扶手上移开，低头扯起自己黑色羊毛西服的右衣角，弹了弹，随即，他陷入了短暂的沉默。

陈年对眼下的凡客免烫衬衫感到满意。他说一天卖几千件，卖得好甚至两万件，中国最好的传统衬衫品牌一年的销量也不过一两百万件，按这个速度下去，凡客很可能成为中国最大的衬衫品牌。

但当多次询问他对销量的看法后，他开始有点烦躁："我今天看的就是产品。所以，我反对我的过去，反对过去的自己和过去的凡客。"陈年强调说，凡客就是一个创业的小公司，不在乎规模。"我觉得（凡客现在）是一个有品质的公司。我放弃了那么多的东西，放弃了一个月几亿元的销售额。你现在却还在问我规模?"

时代的泡沫

陈年可能是中国对"规模"有最痛苦领悟的企业家。

2007 年，凡客成立之初，就赶上了中国服装行业的爆发。2009 年，国家统计局的数据显示，服装行业的销售毛利率达到 14.49%。包括李宁、安踏、Zara、Mango 等服装品牌的店面都急剧扩张。全国纺织服装企业也迅速由 2009 年的 16819 家，增加到了 2010 年的 17996 家。

神奇的"凡客体"和资本市场的热捧，让陈年成为这波浪潮里最顶峰的弄潮儿。"我们的机会太好了，我们追求规模，大家都追求规模。"陈年说。到 2010 年底，凡客平均增长速度超过 500%。"

2011 年，凡客把年销售目标定为 60 亿元，同比增长 300%。当年一季度，凡客同比增长已经达到 500%，不出意外 60 亿元应该毫无问题。在 2011 年夏天来临之前，无论是现金流还是用户重复购买率都非常喜人，更没有出现库存积压。陈年踌躇满志，内心有许多愿望和野心等着去实现。当年，凡客融资 2.3 亿美元，估值近 60 亿美元。陈年随即把年度销售目标调高至 100 亿元，并戏言希望收购 LV、匡威只卖 50 元。为了达成销售目标，凡客扩展了小家电、饰品等品类，甚至连拖把都卖。

"2011 年凡客想冲 100 亿元销售额，实际上，当时稍具野心的国产服装品牌都想去冲 100 亿元。”陈年说，这其实是一场集体臆想。

当时，也有一些人开始对凡客表现出了担忧。早期投资人陈得朋曾对《财经天下》周刊表示不看好凡客，一个原因是：产品只卖 29 元，还包邮，怎么可能赚钱。

但陈年认为，当初 29 元的定价没有错。定价是品牌策略，29 元的 T 恤卖得很好，是一个合理的价格。“但我们忽略了大环境的变化，忽略整个服装业出现的库存压力。大家都在网上倾销，急于回款是基础。”陈年说。

就在凡客疯狂扩张的时候，市场环境急转直下。仅 2011 年一年，中国的纺织服装企业就减少了 7545 家，只剩下了 10451 家。各个服装品牌开始大规模地关店、清理库存，李宁在 2012 年就关掉门店 1821 家。

而此刻，正是凡客把“性价比＋多品类”推到极致之时。资本的热捧加上凡客罕见的营销传播能力及高效的执行力，让凡客冲到了这波大跃进浪潮的最前沿。自然地，他们也在掉头直下的大势面前首当其冲。

这些库存浪潮涌向了互联网平台，线下店惨淡，但网上一派繁荣。“你去看，赚了钱的不是服装品牌，都是替人家甩库存的。”

“这波甩库存的浪潮到现在都没有结束。”陈年感慨地说。他第一次面对记者讲述凡客瞬间跌落的深层原因：凡客前几年发展迅速的原因是把服装产品做到了低价，但当市场有五六百亿元的库存突然出现时，凡客原先走规模上量的性价比优势就不存在了。与此同时，天猫、唯品会甚至连一直亏损的当当加重了这类业务比例后也开始盈利。唯品会更是凭借着清库存的定位，成为中国市值排名前六的互联网科技公司。

凡客疯狂的扩张并没有换来100亿的销售额。当2011年9月结束的时候，陈年就发现，100亿元的目标不可能在年底实现，他最终在11月路演前夜放弃了IPO的计划。

想要刹住高速奔跑的凡客并不容易。“一瞬间就招了很多人。今天还是2000人，明天就是5000人，后天就是8000人了。”2012年再次回到凡客的季薇感受到了凡客的急剧扩张。季薇现在是凡客营销的负责人，2009年加入凡客，2010年底她曾离开凡客加入初刻。

伴随快速增长的是流程的失控。“我们的营销工作就从怎么做好一件事，变成了如何完成一件事。然后，变化快到你都来不及想哪件事重不重要了。”季薇说，最忙的一次，她们以每分钟拍一种产品的速度，从头一天早上9点一直拍到第二天早上6点，结果就是“根本不记得拍了什么”。

在2012年1月15日的凡客年会上，陈年坦承过去一年凡客遇到了巨大挑战，但人们却因年会上的明星——韩寒、王珞丹、黄晓明、李宇春，尤其是苍井空的亮相而热情高涨。投资人争相和苍井空拥抱，雷军也信心满满地说：“如果凡客不犯大错，成功的概率是99%。”

不过，也有一些人注意到了凡客的库存问题，中信资本因为担心4000万美元的投资受损，就曾拿了一些库存数据找互联网分析师鲁振旺做分析。后者分析结果是，库存严重，凡客很难消化。

此时的陈年并没有如今天这样，能够跳出来审视整个服装行业的趋势。他认为，只是凡客的管理出了问题，而没有意识到凡客正走在错误的方向上。

从摇摆到坚定

“2011 年结束的时候我们就开始第一次反省，但那时候陈年还没有真正深入到产品本身，没有意识到我们的品质问题有多严重。”钟恺欣说。

陈年认为，凡客得了“大公司病”。他一次次地在内部会议上强调管理问题，强调腐败问题。2012 年，陈年对凡客进行了组织架构调整，把原来的 2 个事业部拆成了 6 个，后来又变成了 10 个。然而，这些管理的改革并没有阻挡住凡客的下滑趋势。”

“凡客体”广告的成功毫无疑问推动了凡客的发展。韩寒、王珞丹等当红明星配上“我和你一样，我是凡客”的广告词，使得“凡客体”成为当年最流行的现象。凡事都是一枚有着正反面的硬币，过于成功的广告也容易蒙蔽人的眼睛。“我们当时只看到了我们的产品经常卖断货，但没注意到，那其实是此前广告带来的效应，而不是产品本身。”钟恺欣说。

凡客产品的质量问题正在造成用户迅速流失。在中科院读书时就成为凡客 T 恤粉丝的张坤，因为连续两双帆布鞋的尺码和磨脚问题而放弃凡客。彼时，打开凡客的网站，产品下面也是一片差评，仅有雪地靴、袜子、羽绒服等几款产品保持着还算可以的口碑。

“我们正儿八经地反思也就是 2013 年。发现过去的凡客品牌扩张太厉害了，失控了。”陈年承认，虽然此前也感受到了压力，但是自己的立场却并不坚定。陈年立场的不坚定，一部分原因来自于库存的压力。到 2012 年底，凡客库存积压高达 20 亿元。

陈年在各个场合都重复与雷军的那场对话。2013 年 6 月，中国又一家电商平台兰亭集势成功登陆纽约政券交易所，雷军找陈年喝了一次酒。聊天很不愉快，雷军认为凡客单纯追求品类的做法已经落后了，应该像小米一样根据用户的需求做好产品，这刺激了陈年。陈年心有不甘地想，小米做大了，也不至于来挤对自己吧。

不服气的陈年请雷军参观凡客的产品。他清空了半层楼来展示凡客的样品，但在几百件衣服中走过后，他羞愧地发现，凡客没有一件衣服是拿得出手的。“你们是不是还是不坚决、不极致、不彻底？你们是不是还是心存侥幸心理？你们是不是回去先把一件衬衫做好？”在一连串的质问后，雷军对陈年说，做一个公司，最丢人的就是产品根本拿不出手。

“是去做多的 SKU（库存量单位），还是去专注地做有品质的基本款，这是两个方向。不是哪个方向对与错的问题，是能力的问题。”陈年说，当时凡客考虑的是规模，认为中国制造在身边，品质不是问题，但恰恰是品质出了问题。

意识到产品出了问题后，陈年找来许多帆布鞋，那曾是他最喜欢提的产品。下班后整个大楼空空荡荡，他把凡客帆布鞋铺了一地，在那里一双双地试，越试心里越凄凉。他情绪失控，摔鞋、摔笔、摔手机。他气急了，还把鞋子剪开，让产品负责人摸，质问产品经理为什么会把产品做成这样子。

陈年每次出差都会带上一本张爱玲的书。他感叹说，市面上许多所谓的畅销书翻几页就不想看了，但经典作品百读不厌，要细细读。“其实，作品和公司，最后看的东西都是一样的。”这个曾经把《钱钟书文集》、《大话西游》等冷门作品推上畅销榜的文人，终于想通了文学与商业的相同之处——都要靠品质取胜。

帮他想通这个道理的正是雷军。陈年的小米手机里装着金山的文档、米聊、小米手环等一水儿的雷军系产品。“他厉害啊，做出来的产品就是好用。”陈年丝毫不掩饰对雷军的赞美。

“一件衬衫”——发布会上的那篇两万多字的演讲稿，就是通过手机断断续续地完成的。陈年甚至专门用了一大段赞美雷军。不过，他最后还是淡化了那部分。

雷军再次表现出了兄弟情谊。2014 年 2 月，雷军领投，凡客完成史上第 7 轮融资，金额超过 1 亿美元，所有股东都参与了本轮投资。这笔资金被认为是凡客的救命稻草。

“这是我的股东啊，跟了我七年的股东。他们在我最困难的时候，还投给我 1 亿美元，还能怎么更支持我呢?”陈年终于下定决心，从一款衬衫开始，重做凡客。

回归产品

陈年抽出一只纸箱子，里面是各种黑色 T 恤，都是陈年买的，有优衣库的、ZARA 的，也有凡客的。陈年是一个黑色 T 恤爱好者，他把它们从家里带到公司，就是想和同事们讨论一个问题，黑色 T 恤为什么沾毛。“我希望黑色 T 恤不粘毛，而且我看到水柔棉能够做到。”

“一件衬衫”发布会的时候，陈年就穿了凡客的黑色水柔棉 T 恤。现在，那件 T 恤就挂在他办公室里间的卧室里。工作太晚了就干脆睡在办公室里，是陈年多年养成的习惯。如今，他更是因为开产品会而经常睡在公司。

陈年特地强调帆布鞋还没有做好。“如果还有三四成用户说这双鞋不行，我觉得就是有问题，所以就不说了。”

包括雷军在内，凡客的股东们开始在正式场合穿凡客 80 免烫衬衫。最近一次股东会结束后，他把样品拿出来，股东们开始“争抢”衣服，这个场景让他感到很自豪。在去东莞之前，凡客刚刚接到了长江商学院和微软的团购订单。“我真的挺高兴的。”

“我今天看的就是产品。”陈年再次强调说，5 年前，他认为优衣库没戏，但今天，优衣库快变成中国的校服了。“人家是靠广告吗？靠口碑。”

但做口碑不是一件容易的事。

当决定“从做好一件衬衫开始”时，凡客所有人都一筹莫展。新品怎么做，由谁来做，什么是好，什么是不好？没有人知道。

“什么是长绒棉，大家都不懂。消费者也晕，大家都不研究这个东西。”陈年最终决定，自己带着所有产品经理，跑遍中国所有能去的工厂。2013 年下半年，陈年开始频繁地跑供应商。因为工厂大多在偏远的郊区，他们下了飞机通常还要再坐上半天的汽车。一些人以为跟着陈年出差会很轻松，但发现实际情况是天天跑生产线、开会开到后半夜，有人选择了辞职。还有一些高管，觉得专注于一款产品而放弃规模与自己的雄心壮志不符，也选择了离开。

在宁波，陈年偶然从一家供应商那里得知了吉國武是衬衫专家，于是决定去日本拜访他。陈年第一次见到吉國武，是在东京。一个一眼望到头的小公司和一个老头，这种情景难免让人失望。陈年犹豫许久，还是决定去仁吉看一看吉國武。在仁吉见到陈年后，吉國武特别激动。事后，他评价说，他以为陈年像他此前见过的一些品牌商一样，不过是想打着自己的牌子卖衣服，没想到陈年是认真地想做好衬衫。

日本之行后，陈年改造了产品团队。他把剩下的两百多名员工全部打造成了产品经理，买了一堆书，从了解棉花开始，重新梳理工艺，甚至找了几个研究生，成立一个小组，写了篇论文。

现在，陈年要求凡客做“言之有物、言之有理”的产品。他记得沈昌文对他说过：写东西，无非是言之有物，言之有理。他越发觉得做产品与写文章的本质是一样的。

吉國武每个月都会来一次凡客，有时候会直接去工厂。来得更频繁的是木村修团队，半个月来一次凡客，一次待一个星期。木村修此前在优衣库工作了十几年，他加入优衣库的时候是1998年左右，正是优衣库开始转型的时期，此前的优衣库在日本被认为是一个便宜、品质差的品牌。木村修觉得在现在的凡客身上看到了当年优衣库的影子。

做完80免烫衬衫后，陈年感觉自己像从硝烟战火中走出来一样。“今天（在中国），我肯定比谁都了解一件衬衫。”

2014年11月，凡客上调了80免烫衬衫的价格。“这件衬衫的成本的确太贵了。”陈年说，调价后，收入开始能够支撑公司的运营成本。最初，为了衬衫的定价，陈年和雷军讨论了三个月，最终把初始价格定在了129元。价格一宣布，就遭到了公司其他同事的反对，这是明摆着亏钱的买卖。但是，陈年希望先把诚意传达出去，用好的产品扭转口碑。

在将重点转向产品品质的同时，凡客也改变了营销策略。陈年决定不再投放任何品牌广告，而要靠口碑去带动销量。

陈年打开小米手机上的凡客 H5 页面，翻开产品下的评论，略带自豪地说："一件白衬衫下面就有 200 多条评论，有些写得很有意思呢。" 2014 年 11 月 7 日早上，陈年还与雷军通了一个多小时的电话，主要讨论如何教陈年的助理写微博。

陈年开始注重凡客的口碑，他开始在微博上与粉丝互动，有时候一天会花四五个小时在微博上。"我们不做广告了，基本上产品专题再好看也没人看了。" 凡客营销负责人季薇说，以前对营销部门的 KPI 考核的那一套——点击率、转化率等也就失效了。营销部门必须参与到产品的整个研发过程中才能展开工作，他们都被要求试穿凡客的产品。不过，夏天穿上雪地靴走在大街上，经常会被认为是神经病。

凡客不仅在内部进行试穿，有些量大的产品像牛仔裤、帆布鞋也会向外部征集试穿志愿者。眼下，就有 1000 名志愿者穿着凡客的帆布鞋，每名志愿者都有跟踪报告。

"我们必须先有口碑了，才能有销量。如果倒过来，那就完蛋了。" 陈年说。而为了表现对口碑传播的诚意，凡客也放弃了"凡客体"和明星代言的广告。

2014 年 11 月 6 日，看完女装衬衫打样后，从东莞去深圳机场的路上，陈年对凡客的衬衫产品经理邢哲感叹道："幸亏我们去年觉悟了，要不然那个局面再维持四五年的话，我会死无葬身之地。"

这一天，陈年感叹了好几次。尤其是等飞机的时候，他身边两个人的对话让他毛骨悚然。"一看就是做服装的，他们说搞什么创新啊，别人怎么做，我们就去买一套机器来照着做就行了。这就是过去的凡客，这就是中国的（服装）行业的水平啊。这样出来的产品能不是垃圾吗?"

陈年和邢哲去东莞的主要目的是看女装衬衫的打样。从 2013 年 8 月 28 日，“一件衬衫”的发布会后，凡客在“免烫 80”的基础上开始尝试其他款产品，包括女装衬衫、牛仔裤和帆布鞋等。

为了这些产品，在过去的 2013 年一整年里，陈年一直处于“空中飞人”的模式，不停地与各地的供应商见面。除了国内，他还去了两次日本、三次越南。两年以前，这些都是不能想象的。

凡客的供应商也惊讶于陈年的转变。此前，他们去北京拜访陈年，但陈年却总以要忙着看 PPT 避而不见。开产品会的时候，陈年要发表下意见，负责产品的人经常会说，陈年不懂产品就别说了吧。久了，陈年甚至连一些产品的 PPT 都不看了。

陈年也庆幸凡客有了变化，“是翻天覆地的变化，是革命”。

自我审视是一件难事

这一路走来，陈年内心究竟承受了多少压力，发生了多少变化，或许只有他自己知道。

2013 年凡客整体搬迁到亦庄开发区后，不仅公司员工去职大半，“凡客资金链断裂，供应商上门追债”等各种负面消息也相继传来。

当年的秋季股东会上，季薇看着陈年，忽然觉得特别同情他。“他是一个老板，一个企业家，但全是他的负面消息，真的有兵临城下的感觉。那会儿你就特别想为他做点什么，去帮帮他。因为他从来不跟你提任何困难。”

陈年私下里告诉季薇，从 2012 年底开始，凡客清除库存的那段时间，是他最凶险的一个阶段。整个 2013 年，凡客都在清理库存。但底层的员工却感受不到危机，在他们眼里，今天的库存就是明天的销售额。“我们感受到的就是我们的 KPI（关键绩效指标）。而 KPI 的数据，包括增长速度看起来都是一派繁荣。”季薇说。

身边的同事们也不停地质疑陈年裁减品类的决定。明明一天可以卖四五百万元，为什么不做了呢？

好在有了好的变化。2013 年凡客店庆的那天，所有的高管都坐在会议室里盯着屏幕上的数据，当实际数据最后比预期高出许多后，人们提议陈年喝一杯。在端起酒杯的一刹那，细心的人发现陈年的眼眶湿了。

现在，陈年已经完全投入到了产品中。在越南的一天晚上，衬衫产品经理为他们的成衣样品感到兴奋不已，陈年要求试穿，却发现领围太紧。他大发雷霆，把产品负责人当场骂哭了，但后来发现是拿小了尺码。

一些人也不理解陈年对产品严苛的要求。“辛辛苦苦做了半年，最后因为不满意就不上了，出差、设计哪个不需要成本啊。”就连钟恺欣有时也会跟陈年吵架。

“其实，我也想和他们分享‘牛逼’的快乐。”陈年承认自己经常因为产品而对下属们“无情地谩骂”。钟恺欣说，放在以前，面对陈年的指责，下属即使不会当面拍桌子，也会回到自己的办公室后再拍桌子，但现在他们都只会思考这个产品哪里没做好，该怎么改。

陈年说，过去一年自己得到的最好的赞美是：有人问他身上的黑色羊毛西服是否至少 7000 元。实际上，这件衣服出自凡客，售价 669 元，已经卖断货。“我们用的是 Zegna Baruffa 的面料，它的面料真的太好了，我们想补货也要到 12 月底了。”陈年感叹在国内想做件好衣服太难。而他一身行头，除了 Parad（普拉达）的鞋子，包括浅蓝色衬衫、浅蓝色牛仔裤都出自凡客。前一天刚从东莞出差回来的他，略显疲惫，但看到摄像机就起了兴致，“要知道会录像，就穿我们的另一条牛仔裤，更上镜”。

一直以来，很多人都把陈年看做是文人从商的代表，认为文人从商，格格不入。

“我觉得，至少我做文人的时候还挺认真。”陈年说，当年他和雷军能把卓越网做起来，靠的就是认真。“怎么靠卖一张《大话西游》的卡就能把卓越网做起来呢！靠的就是大家的较劲。”

最近一次在电话里，雷军还对陈年感慨往事。他们从相识到创办卓越网的时候不过 30 岁，现在他们都已经过了 45 岁。陈年反而劝解雷军说：“你太怀念那个时候了。”

现在，凡客二次创业，一切似乎又回到了原点，回到了创办卓越网的时候，或者刚刚创办凡客的时候。但与此前相比，陈年觉得自己的心态发生了很大的变化，不像以前那么虚荣了。“做公司、做品牌，做一个扎实有价值的公司，我觉得自己以前思考得不是那么透彻，那么清楚。经过这一次，完全放弃了功利的一方面。”

有个用户在微博上私信陈年，问他为什么不继续卖白裤子了，他还给陈年发了各种身穿凡客白裤子的照片。“我不会因为用户发给我这些，就心痒痒，又去做白裤子。”如今的陈年认为，当换季的时候，人们如果在准备买一件衬衫、一条牛仔裤的时候，能够想到凡客，就足够了。

“如果我文人心特别重的话，做不了企业的。”陈年说。在2014年12月20日的一个分享会上，他说了一句话：审视自我是人的一生最难的事情。

钟恺欣目睹了陈年这几年的大起大落。“其实，（过去几年）对他个人打击还是挺大的。”钟恺欣感觉到了陈年在2012—2013年时的“沮丧、甚至想逃避”。不过，她觉得陈年现在的状态“挺好的，是健康的”。

林散之的草书：八月我归来，诗稿携满袖。口口阿弥佛，佛光照大地。就挂在墙上，与书柜上基本未开封的《归去来》不谋而合。

“这是一个人生路吧。我觉得凡客的故事很精彩啊，还不至于大家跑来奚落我吧。”陈年说，“我有什么好遗憾呢？凡客又没死。”

（2015年第2期）

唐骏：回到名利场

在“学历门”事件渐渐淡去之后，一度被称为中国最成功职业经理人的唐骏，摇身一变，成了一名创业者。他自称现在是为中国的中小型企业打工，未来要打造50家A股上市公司。

文_**韩牧**　编辑_**张厚**

在上海环球金融中心14楼的一间办公室里，正对着门的窗台上摆放着各种各样的奖杯、证书，大小、颜色不等，约50个，它们错落有致地等候主人与客人们的检阅。每天，主人一进屋或坐在办公桌上一抬头就能看到它们。

这间办公室的主人是唐骏，媒体与追随者曾给他起了一个响当当的绰号——“打工皇帝”。但这位“皇帝”越来越远离舞台中央，采访与演讲的机会剧减，更多的时候，他会在这间办公室里机械地度过一天。

在远离公众关注的日子里，唐骏生活得有些不习惯，但他在努力克服着这种不习惯。

每隔一个月，唐骏就会带领他的上百名员工到衡山路一家酒吧“自 High（自娱自乐）”，然后请“上海市最好的乐队”给他们伴奏。唐骏看重的是，它跟 KTV 完全不同，即使唱得跑调，乐队也会帮助美化一番。

在这个场合，唐骏偶尔会登场高歌一曲。他喜欢这种被众人簇拥的感觉，“就像开演唱会那样的”。

这样尴尬的状态，唐骏已经持续了四年。在他心中，他依然觉得自己是成功人士。“谁也不要来否定我，我是成功的。”

事实上，他的确是成功的，一度被称为中国最成功的职业经理人。只不过，四年前的“学历门”事件，某种意义上改变了他的职业和人生发展轨迹。

2010 年 7 月 1 日，“打假斗士”方舟子连发 21 条微博，矛头直指时任新华都总裁兼 CEO 的唐骏，称他的美国加州理工大学计算机科学博士学位系造假，唐骏则回应说自己的学位是美国西太平洋大学的博士，随后方舟子又指出这是一所卖文凭的“野鸡大学”。

一时间，被万千人视作商业偶像的唐骏在媒体与公众的狂轰滥炸中，走下神坛。自此，在公众的印象中，这位“打工皇帝”被打上了“不诚实”与“欺骗”的标签。

“我是有错误的，现在想起来有点后悔。”回想起当初，唐骏对《财经天下》周刊说，“我就说自己是西太平洋大学毕业的，人家也不会看低我，因为在微软也好，盛大也好，别人没有因为这个而看低我。我觉得这个还是有虚荣心在里面的，是我没有做对。”

唐骏想从头再来，他愿意坦然面对自己的过错。为此，他出版了自传《我还年轻，我还可以重新出发》。在书中，唐骏梳理了“学历门”前后的起因和经过，并认真做了反思。

2013年年初，唐骏告别了新华都，同时宣布，他与15名高管共同完成对港澳资讯产业股份有限公司（下称“港澳资讯”）的MBO（管理层认购），他们共同出资1.5亿元买下港澳资讯62%的股权，由唐骏担任公司董事长兼CEO。

这就意味着，唐骏不再是专门给人打工的职业经理人，而是摇身一变，成了老板和“创业者”。

现在，这位擅长营销的CEO，正通过一系列运作希望重回舞台中央。

“我需要一个闪亮登场的时刻。”唐骏说，他都想好了登场后要摆的pose（姿势）。

忘掉“学历门”

尽管唐骏在运作重新登场，向公众讲述一个新故事，但直到现在，他面对媒体和公众时仍然表现得战战兢兢。在跟记者对话时，他有时高度紧张。比如，说到某个细节时，他会突然抬头，略带惊慌地迅速起身，然后从办公桌上拿出证据，以此来证明自己的“清白”。

他会刻意回避“学历门”三个字，在这件事上，他像受到过过度惊吓一样，希望自己可以逃之夭夭。显然，他在内心并未将这件事真正放下。

“他是一个完美主义者，特别希望（自己）完美，但现在他可以接受自己的不完美。”跟随唐骏十多年的员工张维，如今已是港澳资讯的执行董事，她对《财经天下》周刊说：“他（唐骏）在某个媒体上说不在乎每一个人是否都喜欢他，在此之前，他是希望每个人都尽可能地喜欢他的，因为他表现得足够好。”

张维透露，十多年前她去微软应聘，当时就看到上海当地的一家报纸用一整版报道唐骏。“唐骏是个明星。”她说，对于刚毕业的学生来说，唐骏就是他们的偶像。

唐骏善于利用媒体，他的骨子里都渗透着传播与营销，更关键的是，他对人性有着深刻的理解。他知道公众喜欢什么、媒体传播需要什么，他有一副好口才，可以讲述一个好故事，在故事的氛围中，将自己包装成一个偶像式的人物。

“唐骏就喜欢忽悠与作秀。”有人毫不客气地对他发出质疑。

唐骏从来不发火，不管是面对他的下属还是陌生人，甚至是质疑他的人。很多接触他的人都说他天生是一个“伟大的沟通者”。比如，无论在微软、盛大还是新华都，每一次他离开时，都不像其他一些职业经理人那样与老东家闹僵。相反，老东家还会送给他鲜花与掌声。对此，唐骏声称，罗纳德·威尔逊·里根是他模仿的对象，这位从影坛进入政坛的美国总统身上有不少亮点。

“老有人说我像他，后来我发现我真跟他有点像：阳光、幽默、乐观，心态非常好，演讲有激情，跟太太关系还特别好。很多地方我至少是在学他，引为同道。”唐骏在一个电视节目中说。

另外一个细节是，唐骏是少有的特别重视媒体关系的职业经理人。逢年过节，很多记者都能收到唐骏手机号发去的问候短信，而在处理采访请求时，他不会将这件事情交给公关处理，而是亲自与记者商定采访时间与地点等，这种做法获得了很多媒体的认可。

况且，唐骏有着非常适合媒体传播的工作经历，之前作为职业经理人时，他的履历足够风光。在担任微软中国总裁时，他的收入超过了1亿元；担任盛大总裁四年，收入超过了4亿元；随后，他以10亿股权转会新华都……逐渐地，在自己的一步步运作、包装与媒体不断传播的合力下，唐骏被塑造成为公众眼中的“打工皇帝”。

不过，在“学历门”事件发生后，也同样是媒体将唐骏赶下了神坛。当时，他收到数不清的问候短信，但一向内心强大的他却突然害怕这些短信了，因为“每一次问候都是一次伤害”。

与这些刺激相比，对唐骏触动最大的还来自于他的母亲。“她在美国生活，曾非常愤怒地对我说：‘这个人（方舟子）是有病还是什么？怎么能用这种方式对待我儿子？’”唐骏回忆说，“她一直教育我的是与人为善，不要与别人去争。”

在媒体的不断报道与追问中，唐骏的信誉破产了，似乎一夜之间有关他的所有成功都存在着疑问。“我受到很多质疑和批评，我会很在乎，会想找记者，跟他们交流。”唐骏说。

最后，实在无路可走的唐骏消失了半年，他跑到欧洲游学以躲避无休无止的批评轰炸。“其实我觉得他挺痛苦的，从欧洲回来后，他开始忘掉这些烦恼。这对他是一个打击，毕竟曾经那么多光环套在他头上。同时我也觉得他有委屈的地方。”张维说。

“他不是一个一辈子靠骗人吃饭的人。”曾与唐骏共事多年的微软同事评价说。

老板唐骏

长达四年的隐忍与等待，对唐骏来说是一个极大的折磨。这位不甘寂寞的职业经理人，正在为自己设定归来的日期。

最快明年初，港澳资讯将会宣布收购一家 IT 公司，它的体量是港澳资讯的三四倍。去年，港澳资讯的盈利在 3000 万元左右，今年预计盈利在 5000 万元左右。

这家成立于 1994 年的公司，在 2008 年被陈发树的新华都收购前一直是国企背景，专注于证券业务，整个公司营收在 2500 万元左右。此后，新华都派了一位高管到港澳资讯任总经理，但他并没有让这家公司拥有良好业绩。于是，2010 年，唐骏以董事长的身份进入港澳资讯，同时兼任新华都的 CEO。

"唐骏在 IT、资本运作方面都是高手，（我们）非常期待他。"港澳资讯总裁乔光豪对《财经天下》周刊说。

唐骏加入后，首先将这家在上海软件园办公的公司搬到了上海环球金融中心。要知道，软件园的租金是每天每平方米三四元钱，而上海环球金融中心是每天每平方米 20 元左右。当然，唐骏这样做是为了使港澳资讯在资本市场更吸引人，这也是他包装的一部分，比较符合唐骏的性格。直到现在，他仍然住在上海一家五星级酒店的 VIP 包房，一年的租金是 120 万元。当年，唐骏的这个行为成为众多媒体热议的话题。

唐骏将过去放置在新华都办公室的奖杯、证书等搬到了新的办公室最显眼的位置，而办公室所有的挡板都换成了白色，看起来整个办公室明亮了很多。"我喜欢明亮的颜色，也是给自己一些暗示。"唐骏说。

在业务上，唐骏通过运作收购了四家公司——千寻网络、胜龙科技、弘扬科技、联游网络，它们完善了港澳资讯在手机客户端、网游领域的整个产业链。

“(唐骏) 通过资本运作收购的方式快速把港澳资讯的产业链做大，同时公司收入也有一个大的跨越，原来收入才 2500 多万元，后来收入基本达到一个亿了。”乔光豪说。

对于自己的管理，唐骏得意地说：“很多人说我作秀，(但) 我有很多强项，我管理能力中最大的强项并不是资本运作，而是对企业管理模式的改造。”

2013 年，当新华都董事长陈发树看到唐骏对港澳资讯的改造基本成功后，同意了唐骏的 MBO (管理层认购)。他与 15 名高管共同出资 1.5 亿元买下港澳资讯 62% 的股权，新华都占股 17%，其中唐骏占股 8.6%。

在 15 人的高管团队中，唐骏的人达到了 9 个，他们以极低的价格收购了小股东股份，按照目前市场估值，唐骏的高管团队所持股份超过 10 亿元。

看上去，唐骏成了“老板”，是那个最有决定权的人。实际上，陈发树也留了一手。目前新华都已经投资 2 亿元，陈发树不会再给港澳资讯投资了，也就是说，唐骏可利用的现金只有账面上的两三千万元。他必须得通过财务杠杆，进一步将盘子做大。

此外，在 15 人的管理层中，有近一半是新华都的人。更关键的是，尽管整个公司的决策都由“管理委员会”共同决定，唐骏拥有一票否决权，但最终的签字权在乔光豪的手里。乔光豪是陈发树的老部下，同时也是公司的法人。

这就意味着，唐骏必须得将港澳资讯做大，不然他什么都没有，甚至连最后证明自己的机会都失去了。“陈发树是一个善良的人，当然他也是一个商人。”唐骏说。

在唐骏看来，港澳资讯的体量很小，他并没有看中什么，仅仅是借助港澳资讯的一个壳而已。“谁做老板不重要，重要的是我能不能给公司创造价值，我要证明自己。”

在 2013 年的年会上，唐骏没有唱歌，也没有吹萨克斯，他做了一个演讲，主题是《重新出发》。他说，未来港澳资讯要寻找新的商业模式，使其成为一个真正有价值的公司。

“未来五到八年，我要在中国的中小企业中打造 50 家 A 股上市公司。”

为中小企业打工

上海环球金融中心 14 楼，在港澳资讯的办公前台背景墙上，密密麻麻挂满了约 30 块液晶显示屏，在顶端的 LED 显示屏上，最新的股票信息在不停地滚动着。而在显示屏的下方，面对镜头，唐骏熟练地摆弄着各种姿势。

他很享受这样的时刻。

但他也在适应没有媒体持续关注的日子。“刚开始可能是不习惯的，现在习惯了，（而且）不习惯也不行啊，毕竟已经发生变化了，至少现在习惯了。”唐骏说。

现在，他的媒体邀约少了很多，每周他主持一档《唐骏来了》的电视节目，还写两个专栏。此外，他会到各个地方去演讲，多数是在大学里，或是面对一些创业者。

“对我来说，他是一个与众不同的人。他很健谈，我觉得他讲的话很有意思，也喜欢他的经营理念。”来自丹麦的女孩 Mira Joergensen 在听了唐骏的演讲后，就通过唐骏加入港澳资讯来到中国。现在，她的职位是国际市场部营销经理。

“他跟大部分中国人都不同，他教会了我很多东西，比如他说，在中国做生意，关系很重要。”中文并不太流利的 Mira Joergensen 已经把唐骏当成了偶像。

不仅是 Mira Joergensen，唐骏希望更多的创业者可以成为他的信徒。所以，现在他会到处参加各种各样的创业者论坛。

之所以这样做，是因为港澳资讯新增加了一项投行业务，主要是为希望在上海“新三板”上市的中小企业服务。“我也转型了。过去是给一家公司打工，现在我还是为公司打工，还是一个职业经理人，但我是为中国的中小型企业打工。”唐骏说，由于港澳资讯是上海股权托管交易中心的合作伙伴，所以他们可以帮对方做一些投行业务。

当然，唐骏的角色也在慢慢发生变化，他会与更多的创业者合作，向他们提供咨询、管理、资本运作等服务。“其实就相当于我是他们公司的半个 CEO，最后帮助他们成功上市。”

唐骏透露，新的投行业务涉及 IT、医疗、金融、房地产等领域，而他今年的目标是帮助 80 家公司在新三板上市。在今年“十一”期间，唐骏通过电话告诉《财经天下》周刊，目前已经完成签约 60 家。

未来，投行业务将占到整个港澳资讯业务的20%以上。在这项业务上，港澳资讯主要是帮助中小企业“做体检”，比如一家企业想上市，要具备什么条件，怎么才能达到这个条件。唐骏说，他们都是按照A股的上市标准来给这些企业“做体检”。

也正因为如此，唐骏越来越繁忙了，因为按照他的要求，今年要帮助80家中小企业在新三板上市，PE（私募股权投资）可能投个三家五家，那么他们至少要接触200家中小企业。

“唐总说话很有感染力，他在中小企业老板中有很大的影响力。”张维说，陪着唐骏去演讲时，她发现现场总是掌声不断。

乔光豪也证明了唐骏在这方面的优势。“不是唐骏的话，不会有媒体来关注港澳资讯。他加入以后，对我们来说意味着很多机会。”

现在，唐骏急需将港澳资讯做大，公司要涉及更多行业与项目，这样港澳资讯就不仅仅是一家金融服务公司，而是一家投行公司。从另外一个角度来说，也只有这样，唐骏才能通过各种运作将港澳资讯做到上市，最终达到脱离陈发树的目的。

“唐骏并没有因为一些事情就趴下来，趴下来就说明你没有能力。我要告诉别人我还可以站起来，至于站多高已经不是我的追求了，我想告诉别人我站起来了，我还会做事，做很多的事。”说到这里，唐骏的嗓门突然提高了很多。

目前，唐骏想投资的大多是创新型企业。比如，他看中了一家做眼角膜的医院，他们希望用猪的眼角膜来代替人的眼角膜。“已经在做临床了，狗和猴子已经做成功了，按照医生所说，狗和猴子能做成功，人基本上也能做成功。”唐骏说，他对这样的公司很感兴趣。

在遇到好企业的时候，唐骏也会让自己的团队来投。如果个别人经济有问题，他会借钱给他们，并不要利息。唐骏从来不会亏待自己的部下，在港澳资讯，他禁止对员工任何形式的扣钱行为。

张维透露，去年9月时，唐骏自己拿出100多万元请上百名员工到韩国来了一次豪华邮轮海外游，来回四天。很多员工都认为，唐骏比一般管理者要大方得多。

“他喜欢热闹。”张维说。

除了喜欢打高尔夫，唐骏还喜欢打篮球，而且，他会找一群人来观看。在篮球场上，他跑动特别积极，只是由于年龄最大，体力比别人差很多。

此外，他还像自己的偶像里根一样，偶尔“触电”一把。在电视剧《办公室的春天》中，唐骏本色出演，在剧组待了十多天，饰演一个总裁的角色。“后来叫我去拍微电影，客串了四个小时。现在有很多人叫我去拍戏，我觉得自己快成为半个演艺圈的人了。”唐骏说。

显然，这些噱头都让唐骏拥有了充足的演讲素材。在创业者面前，他异常高调地把自己塑造成了一个无所不能的传奇人物。

不过，有些时候，唐骏也要面临非常尴尬的境地。在与中小企业老板商谈合作结束后，有些好奇的创业者会问唐骏：“哎，那个‘学历门’事件到底是怎么回事?”

“我想揍他一顿。”唐骏说，这会严重影响他的心情。

晚上10点，在上海虹桥机场2号航站楼，唐骏与他的两个助理正在候机。唐骏坐在一排人并不多的座椅上，他穿着一身黑色西装，两个助理站在他身旁。唐骏会时不时东张西望，直至后来排队登机。其间，没有任何一位乘客认出他来。

深夜，他将抵达厦门，在那里，有一大批创业者正在等待着他。唐骏又将登上他喜欢的舞台。

（2014 年第 24 期）

梯子上走下龚海燕

即便是像龚海燕这样的创业明星，也可能会在连环创业的过程中遭遇滑铁卢。关停梯子网和那好网之后，这名以能吃苦和敢想敢干著称的“女版俞敏洪”，能否东山再起？

文_卜祥　编辑_张厚

苗强坐了一千多公里飞机，火速赶回北京中关村科贸大厦 9 层。在那里，他最终看到了龚海燕，这位曾经把婚恋网站世纪佳缘带到美国纳斯达克上市、外号“小龙女”的女人正在抹眼泪。那是今年 9 月 12 日，教师节后第二天。

9 月 10 日晚间，苗强忽然收到老板龚海燕发来的一封邮件。在信中，龚海燕称自己“二次创业过于乐观冒进，战线拉得太长，以至于几个月前就花光了公司融资，一直在用自己的资金支持公司运转”。

“我认为我们应该收缩战线，专注精力在有可能做成的项目上面……”

接下来，更多有关龚海燕创业失败的信息从新浪微博和个人朋友圈里发出来。“转了一圈回到原点，决定聚焦 91 外教……” 9 月 12 日晚，龚海燕在自己的认证微博上置顶了这样一条微博。很明显，她意在关掉梯子网和那好网，重新回到 91 外教原点。在线教育领域内，这是两个不一样的项目，梯子网是教学资源平台，而 91 外教是一个线上英语口语培训机构。

一时间，创业明星龚海燕二次创业失败的消息迅速传开，甚至有人将之视作在线教育泡沫在破灭。

苗强对此感到非常震惊。作为梯子网渠道总监，他对龚海燕的关停举措一点预感都没有。“我们在前线打仗，后面举白旗投降了。”苗强对《财经天下》周刊说。很快，和他一样在外面做销售、铺渠道的人都炸开了锅，他们以最快速度赶回北京紧急商量对策。

9 月 12 日，苗强、渠道副总裁朱勇以及一些大区经理齐聚位于科贸大厦的办公室，七八个人一起拟定了一份发给梯子网全国 240 个站长的信，并在上面签名，表示要帮站长们维权，尽量帮忙站长们争取补偿自掏腰包贴进去的宣传费、渠道费。

不过，让苗强等人着急的是，龚海燕一直未再露面。一些性急的地方站长打龚海燕电话，也是关机状态。

高调二次创业

时间回到 8 月底，在长沙一个星级宾馆里，苗强所在的渠道团队一起为梯子网举办了隆重而又热闹的长沙会议。会议从全国一共请来了 240 位地方站长，很多人认可了梯子网和那好网的模式，加盟成代理商，就等着新学期开学后大干一场。

如果不是梯子网突然关闭，长沙会议有可能成为记入梯子网发展史册的一次重要代理商大会。它将给梯子网带来渴求已久的收入，苗强估计最少会进账一两百万元，“比 91 外教强”。

会上，苗强和同事们积极营造热烈的气氛，给站长们以信心，龚海燕也亲自到场。“我们把她捧得就像电影明星一样，像导演张艺谋一样。”20 多天过去了，苗强回想起来语气还很激动，站长们踊跃和龚海燕合影，有的还索要签名。

事后看来，苗强推测龚海燕如此看中代理商大会的原因还是为了融资，一个提振士气、声势浩大的代理商大会无疑能给投资者以信心，有利于龚海燕融资成功。

2012 年底，龚海燕突然宣布离开一手创办的世纪佳缘网，决定二次创业。之后，她的第一个决定就是把家中唯一的一套房子卖了，以防备万一资金有困难。然后，她在公司楼下租了一个 60 多平方米的小房子，每天走路上班。

她意识到资金会是个挑战。2013 年 2 月，为出国留学以及需要英语口语交流的人提供在线英语教学的 91 外教网正式成立，龚海燕出资 1000 万元人民币；7 月份，网易资本领头投了 400 万美元。但是，这些并不能满足龚海燕的雄心。前两个月，仅搭建团队就花了 400 万元，其中通过猎头找人花了 100 万元。

二次创业与首次创业明显不同，龚海燕认为，互联网行业需要高级人才，她认同乔布斯的人才观念：一个卓越的人胜过 50 个平庸的人。

但是，最开始的 91 外教并不被真格基金合伙人、新东方创始人之一的王强所认可，他退出了。王强向龚海燕分析了不看好 91 外教的原因：在新东方，出国留学是大头，口语市场只占出国留学市场的 2%。而针对基础教育阶段的 K12（从小学到高中的 12 年基础教育）教育市场，新东方只做了四五年，却已经超过传统出国留学业务了。

这次谈话扭转了龚海燕的创业重心，她把 180 人中的 160 人转到在线教育资源平台梯子网，将目标对准 K12 教育市场，只留下 20 人来维护 91 外教，并由助理郑金礼负责。

她决定高调地赌一把，号称三年要烧掉 4.5 亿元。战略上，她重新选择在线教育中难度最大的事情——做平台。“做平台最难，但有它的好处，竞争对手会少 90%。”龚海燕觉得，高门槛平台如果能存活下去，将一举摆脱当初做婚恋网站时低行业壁垒的状况，甚至以后遇到 BAT 也不怕。

作为一家创业公司，龚海燕一口气招了 180 人，规模上超过 90% 的创业公司。

“你看我这 5 个副总呀，一个是清华毕业搞技术，一个是北大和香港大学毕业负责教研，一个是北大中文系毕业负责公关，一个是北邮毕业负责运营，还有一个负责市场的是中山大学毕业的，做我的推广。”在接受《财经天下》周刊采访时，龚海燕对这些人如数家珍。当时的她处于从 91 外教向梯子网转型的过程中，她给技术人员最贵的月薪是 4 万元，尽管做渠道的人觉得这样非常不公。

龚海燕希望用这样一支豪华团队，去迎接在线教育的风口。“世纪佳缘虽然用户量庞大，但营收盘子不大，我不想自己再创业是在一个没有成长空间的领域。”

尽管接受采访时，龚海燕提醒自己二次创业时心态要归零，但她的行动却朝着相反的方向走。自觉不自觉地，她忘掉了创业九死一生的风险。“互联网教育代表将来的一种趋势，凭借我的经验和整合资源能力，我觉得应该有一定胜算。”她自信地表示。

后来的事实证明，龚海燕低估了做平台的困难程度。

融资饥渴症

中小学生教育资源在线平台需要连接老师、家长和学生，龚海燕打算从老师切入。在她看来，在这个链条中，老师相当于她当初做世纪佳缘时的美女，由老师带动人气，然后由家长买单，服务学生学习。按照计划，龚海燕希望到2013年年底做到500万注册用户。免费聚集到用户之后，再慢慢想办法实现收费。

按照这个规划，梯子网至少要有300名员工，龚海燕算了算，预计一年要花1.5亿元，其中人力成本6000多万元。对创业公司而言，这是个非常夸张的数字，而筹资是个大难题。

在融资问题上，龚海燕使出一记巧招，拉来天使投资人徐小平为其背书。徐小平说过一句几乎圈内人人皆知的话："龚海燕做什么我都会投资支持。”但是，这种做法遭到徐小平投资过的另外两家在线教育公司的澄清：一个是51Talk，专注于英语口语在线教育，是91外教的直接竞争对手；另一家是一起作业网，以小学生英语作业为切入点做教育资源平台，是梯子网的直接竞争对手。这两家公司的高管均表示，徐小平投资了自己后，并没有再投资龚海燕，只是龚海燕欠徐小平的钱被她折算成了股份。

《财经天下》周刊就此事问徐小平，他回应说："关键是，龚海燕做什么我都投，这是我的承诺。钱是什么时候给的，从什么地方给出去的，都是我的钱，都是我的名声和信心。”最后，徐小平以徐氏风格结尾：“她欠的钱可以随时给我，是不是？海燕是亿万富婆好不好。”

理论上而言，徐小平不太可能同时投两家互相竞争的公司，而徐小平的搭档王强更是直接挂任了一起作业网的董事长。

关于徐小平投资龚海燕的事，形成了一种奇怪现象，一方面很多人以为徐小平投资了梯子网，而另一方面，梯子网在投资圈却并不被人看好，融资迟迟没到位。

面对这种情况，龚海燕心中很是着急，接受财经类媒体采访成了她传递融资信号的一种方法。“我喜欢把自己逼到绝路，人都是被逼出来的，我喜欢置之死地而后生。”

过去在世纪佳缘时，龚海燕有过一次非常凶险的时刻。当时公司资金链已经非常吃紧，龚海燕自掏 20 万元给员工发工资，还从天使投资人那里借了一笔钱，一切就等启明创投融资到账。就在这个节骨眼上，她手下的一个营销团队忽然跳槽到竞争对手百合网。百合网抓住这个机会大做文章，差点把启明创投的融资搅黄，好在对方最后履行了合约。

龚海燕期待着梯子网同样能涉险过关，然而事实却难以如愿。梯子网于 2013 年 11 月上线后，用户和流量增长缓慢。至 2014 年 5 月，其网站上公布的注册用户数在 20 万以下。与之对比，一起作业网注册用户达到 600 万，两者不是一个量级。

从产品角度而言，好平台离不开好产品拉动。龚海燕很重视产品研发，为此成立了专门的产品委员会。委员会里高管、一线员工都有，它的作用是帮助龚海燕弥补产品上的短板。当初她还在世纪佳缘时，就已经意识到自身产品创新上的短板。曾经很长一段时间内，世纪佳缘网有流量，但却不知道如何设立商业模式变现。

梯子网的定位是中小学生全科教育，要把中小学生语文、数学、英语等课程全部资源上线。而中国是一个以省为单位划分教区的国家，甚至每个市区的教材都不一样。教材的多样性导致产品无法像手机那样一机打天下。更可怕的是，这些教材往往每年还要更新。如果提供的产品不能与学生所学的同步，学生就没有上梯子网找资源的动力。

一起作业网运营总监唐晓芸向《财经天下》周刊分析："我们只做小学生英语就累得做不过来了，梯子网铺那么大，龚海燕会累死。"

对龚海燕来说，压力还来自于一笔不菲的开销：一百多名员工的工资。为了顺利融到资，她不得不责令梯子网加快进度。

今年 1 月，一起作业网渠道负责人龙小石跳槽到梯子网任渠道总监。此后，龚海燕和他就渠道推广速度发生过冲突。龙小石的想法是学习一起作业网，慢慢地以自己员工为基础，铺到山东、河南、广东、湖南和湖北等省份，一点点地把市场做深入。但是为了快速融资，龚海燕虽然心理上认可这种做法，但是形势已经迫不及待，钱已经快要花完了。

6 月，龙小石找到另外的在线教育创业机会，离开梯子网。与此同时，他的继任者朱勇开始带着迅速布局渠道的任务在全国积极拓展代理商，欲图迅速在全国建立渠道网络，为梯子网造血。与自己做渠道相比，代理制占用公司资金少，成规模快。

与此配套，龚海燕在梯子网之外又开通了那好网，做互动直播平台，可以收费，这样可以通过产品把梯子网流量变现。但是，梯子网上积累的流量并不足以支撑起商业模式，那好网收入寥寥无几。

龙小石向《财经天下》周刊分析，龚海燕做平台这个方向没有错误，况且她也很会做品牌，但是“一开始创业要找一个离钱近的项目，做平台应该是好项目成功后自然而然的结果”。创业型公司从小到大，需要解决现金流和规模扩张之间的永恒矛盾，要做到平衡。在这一点上，龚海燕的产品未能实现突破，最终融资的接力棒脱手，导致资金链断裂。

收缩再起航

8 月的时候，龚海燕给与自己昔日在世纪佳缘一起打拼的一个老部下打电话，邀请他来梯子网帮忙管理市场营销和运营工作。这位老部下在世纪佳缘的时候，曾经连续在外出差半年多，与各家电视台相亲节目谈合作，为世纪佳缘杀出竞争重围立下汗马功劳，最后在公司上市后抽身而退。他接到龚海燕的邀请后，认真地考虑了一番，最后婉言谢绝。

在这位老部下看来，龚海燕敢想敢干，很能吃苦。徐小平甚至称龚海燕是女版俞敏洪，所以才承诺她做什么都愿意投资。龚海燕还有着不凡的品牌营销能力，她擅长讲故事，在世纪佳缘时，很快成为全国最强的网络红娘。她有个江湖称号——“小龙女”，特别快心热肠，愿意帮助别人、成人之美。

创业成功后，龚海燕还常常到创业者黑马营里当导师，与人分享成长过程中的点点滴滴。所以，梯子网在上线时间不长、用户很少的情况下，仍占据了在线教育领域的一席之地。

但是，龚海燕身上短板也不少，她不懂技术，做不了产品。这还不是最致命的，关键的是其所处行业并不被十分看好。尽管一大部分创业者将在线教育机构和平台视作一个新机遇，但截至目前，依然没有哪一家在线教育平台可以找到可持续的稳定的盈利模式，类似梯子网这样的在线教育网站并不鲜见，学生和家长的选择太多，远没有到聚焦的时候。只有通过一番厮杀和淘汰，生存者才有可能找到稳定的盈利模式。早前曾有互联网人士预言，在线教育的泡沫迟早会破灭，梯子网和那好网只是一个先兆而已。

此外，龚海燕的那位老部下还坚持认为，世纪佳缘的成功，龚海燕的运气成分要大于个人努力。2009 年至 2011 年，几乎要被竞争者击败的世纪佳缘，抓住了电视台相亲节目迅速火爆的机遇，与相亲节目的合作极大地拉动了世纪佳缘的流量，而且几乎是零成本获取用户，龚海燕也趁势把世纪佳缘带上市。

但是，电视节目引流的招数被其他婚恋网站跟进后，世纪佳缘的优势便不再明显。由于公司没有壁垒，世纪佳缘要不断地面对新进入者的挑战。对于这种症结，龚海燕始终无法破解。与此同时，婚恋网站的生存难题依然在困扰着世纪佳缘，网站上注册会员找到意中人之后，会快速成对离开。“上市后，我遇到了个人瓶颈。”龚海燕向《财经天下》周刊承认。

2012 年，世纪佳缘幕后真正的权势人物钱永强，从自己过去投资的空中网调来技术出身的吴琳光，主抓世纪佳缘技术和产品，龚海燕也同意这种安排，吴琳光负责协助网站向移动端转型。这个转型很快见效，已经有三成流量来自移动端。慢慢地，吴琳光以技术立稳脚跟后，又拿下公司市场管理权，龚海燕在形势上很受排挤。

龚海燕说，一开始她没有想到过吴琳光会来接自己的班。在很大程度上被架空之后，龚海燕毅然决定离开，她和董事会商量，离开后保留了自己的股权，钱永强也说服其继续担任世纪佳缘的形象代言人。

“曾经我以为世纪佳缘是我一辈子的事业。”龚海燕说。很难知晓她二次创业有多少负气成分，可以看到的动作是，龚海燕头一天从世纪佳缘离任，第二天就开始了重新创业，招了两个人。她说：“我骨子里就是爱折腾的命，你让我闲在那儿，我也比较难受。”

二次创业，她选择了在线教育领域，比婚恋行业空间大，但却依然没有找到合适的盈利模式，遭受资金链断裂的挫折之后，不得不以选择关停一手创立的梯子网和那好网而告终。

9 月 12 日、13 日和 15 日这三天，龚海燕与一百多名员工一个个谈话、道歉和告别。尽管对龚海燕突然关闭梯子网深表不满，但以苗强为代表的梯子网员工最终还是原谅了她，渠道团队与之的冲突也友好地解决了。至于下一步做什么，苗强说他还没有想好，先在家歇歇，“被伤着了”。梯子网员工绝大多数选择离去，而并没有转到龚海燕继续坚持在做的 91 外教。

9 月 18 日下午，《财经天下》周刊记者来到梯子网办公室，大门上锁紧闭，玻璃门上有个 A4 纸打印的告示：有快递请送到对面。对面是 91 外教网的办公室，里面客服应答电话声音叽叽喳喳，此起彼伏。

龚海燕不在公司，出去与人谈事了。91 外教实际负责人、龚海燕的助理郑金礼走了出来。他虽然看上去头发有点凌乱，却一副如释重负的样子。“创业期间本来就应该集中做好一件事，做太多肯定没有精力。现在 91 外教一片欣欣向荣，我接手的时候一个月只有 4.8 万元收入，现在有了 180 万元。”他有点兴奋地说，91 外教的员工数量也在快速增长，由 20 个人增长到现在的 60 多个人。

郑金礼是四川人，在龚海燕从世纪佳缘出来创业做在线教育后，他主动前来投奔。他之前有过一次失败的在线教育创业经历，投奔龚海燕的时候，他还开了一家酒店和几个线下的培训机构。龚海燕把主要精力从91外教转到梯子网后，郑金礼主动请缨，负责91外教。龚海燕今年5月接受《财经天下》周刊采访时表示对郑很满意："91外教我基本就不管了，结果人家（郑金礼）做得比我好。"

在主管91外教这段时间，郑金礼改变了以往只注重白人外教的做法。91外教最初创立时，课程价格高达300元每课时，与线下英语培训机构的价格相当，这也直接导致91外教的付费用户数一直很不理想。郑金礼改变了这种做法，他像51Talk一样招募来自菲律宾的外教，降低价格去冲击市场。

现在，备受争议的龚海燕选择重新回归，与郑金礼一起专注于91外教网。只不过，意在重新启程的龚海燕，在时机上已输一筹。91外教起步时，就已经比竞争对手51Talk晚了一年多，而龚海燕还没有投入全部精力。现在重新投入，已然失去先机。

在这种情况下，曾只手创业将世纪佳缘带到美国上市的她，还能不能依托91外教网打一个漂亮的翻身仗？

连环创业者龚海燕

2003年10月

龚海燕在复旦大学研究生宿舍里开始创办世纪佳缘交友网站。早期网站上只有龚海燕拉过来的熟人用户。

2004 年 2 月

龚海燕在上海、北京两地同时举办交友见面会，有了 1 万多元收入。到 2005 年底，世纪佳缘会员达到 32 万人。

2007 年 4 月

世纪佳缘获得新东方三元老钱永强、徐小平和王强的天使投资；5 月 18 日，启明创投斥资入股世纪佳缘。

2010 年 5 月

世纪佳缘与湖南卫视《我们约会吧》合作，吸引了很多用户。8 月，世纪佳缘已与全国近 40 家重点卫视、地方电视台建立合作关系，甩开竞争对手。

2011 年 5 月

世纪佳缘在美国纳斯达克上市，融资 8520 万美元，成为国内婚恋网站上市首例。

2011 年至 2012 年

2011 年第四季度财报显示，世纪佳缘业绩由盈转亏。2012 年第一季度，公司再度盈利，但净利润仅为 520 万元，同比下滑 57%。

2012 年 12 月

龚海燕辞去世纪佳缘联席 CEO 一职，第二天开始组建英语口语在线学习网站 91 外教。

2013 年 4 月

91 外教网正式上线。寻求投资的过程中，新东方合伙人王强认为外教市场小，并没有投资她，龚海燕受到很大影响，并开始寻求转型。

2013 年 11 月

龚海燕创办的梯子网正式上线，要做中小学生在线教育资源平台。不过，其注册用户太少，没有超过 20 万。

2014 年 9 月

融资失败，不达预期，龚海燕宣布解散梯子网和那好网，重回 91 外教。

（2014 年第 20 期）

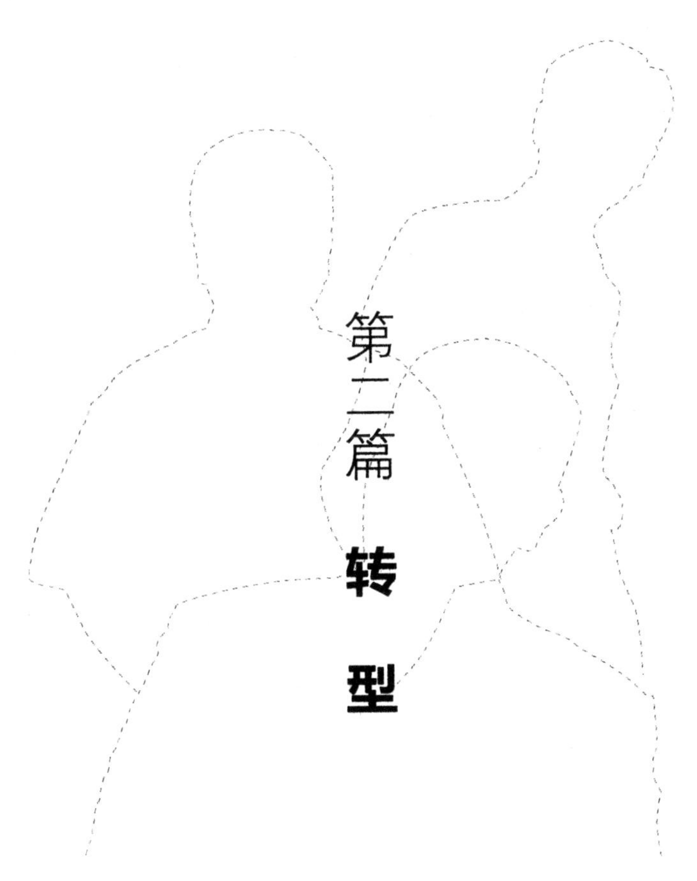

第二篇 转型

姚明退役这三年：走下篮球场，走上生意场

宣布退役三年以来，姚明并未就此淡出人们视线，而是频频在商业、公益等领域为自己贴上新的标签。这名曾在赛场上叱咤风云的篮球明星，在场下来了个并不怎么华丽的转身。

文_**韩牧** 编辑_**张厚**

“我虽然离开了赛场，但我不会离开篮球。”

三年前的7月20日下午，在上海浦东嘉里大酒店的3层会场，姚明正式宣布退役。在那场被命名为“明谢”的发布会上，姚明似乎有意向在场的400多名记者做出暗示，离开篮球场的他，将会在另外一个更大的舞台上重新回归：“我觉得生活就像一个向导，他会打开一扇又一扇门，今天我退役，一扇门关上，另外一扇门打开。”

过去三年来，这位曾在NBA打拼九年的篮球明星，正在兑现当初打开另一扇门的诺言，在商业、慈善等领域频频为自己贴上新的标签。在投资葡萄酒、音乐、CBA（中国男子篮球职业联赛）俱乐部以及开办

NBA（美国男子篮球职业联赛）姚明学校之余，他甚至还会出现在《爸爸去哪儿》这样的娱乐节目中。

"我现在比在 NBA 打球时还忙。我给自己制定的几项任务是同时进行的，有时在日程上没法做到平衡，只能是哪儿有工作就在哪儿处理。"尽管姚明用"忙碌"一词来形容自己现在的生活、工作状态，但如今再次见到姚明，他的身体已经略显发福。

"他现在主要的工作就是三件事：一是读书，二是打理球队，三是管理基金会，再从这三个延伸出来就是政协委员。""姚之队"队长章明基对《财经天下》周刊说，姚明是个理想主义者，退役后他想好好做一番事业，处于积极转型阶段的他，极力想扮演好各种角色。

然而，这名曾在赛场上叱咤风云的篮球明星，在场下的转身看上去却并没有那么华丽。过去三年的经历，尤其是生意上的起伏，或许已经让他开始意识到，想要在篮球场以外取得成功，远没有把篮球扔进篮筐那么简单。

篮球场

实际上，整个六七月份，姚明的行程都排得满满的。不过对于他来说，最需要紧急处理的，还是与上海大鲨鱼队核心球员刘炜的续约问题。

作为姚明的"发小"，刘炜在过去长达 11 年时间里曾是国家队的重要一员。2002 年，他和姚明作为核心球员为上海这座城市带来了队史第一座 CBA 冠军奖杯，随后姚明去了 NBA，上海队仅靠刘炜一人支撑，成绩也一落千丈，仅有一次打进季后赛。直到 2009 年姚明成为这支球队的老板，很多人才再次看到希望。

不过，在姚明接手上海大鲨鱼队后，他和刘炜之间的关系也发生了微妙的变化，由原来的队友和朋友关系，转变为老板与员工之间的关系。

作为球队老板的姚明，希望更多地借鉴 NBA 的运营法则，笃信运用理性手段而非感情来运营俱乐部。他先是炒了恩师李秋平，随后在刘炜的续约问题上与对方产生分歧。尽管刘炜在 2009 年签下五年合同，但两人之间的关系已经有了裂痕。五年之后的今天，双方在续约问题上再次发生分歧。这一次，以刘炜离开上海远走新疆而告终。

刘炜的离去一度让姚明背上人情冷酷的骂名，在相当长一段时间内，他成为众人指责的对象。在外界看来，球场兄弟之间的珍贵情谊远比"在商言商"这样的冷酷戏码更能打动人心。

"在 CBA 这样一个半职业联赛，谈什么在商言商有点过，CBA 一时半会也不会变成 NBA。既然那么绝，那就请拿出成绩来。"曾经在上海队担任球队翻译和录像分析师的单正灏，把批评的矛头直接对准了姚明。

不可否认的是，刘炜续约风波只是姚明管理大鲨鱼队的一个侧面剪影。在接手球队的这段时间里，他引进了很多 NBA 的管理经验，对这支球队进行了诸多管理尝试。"在整个俱乐部的运作过程中，姚明参与度是很高的，他更多是从机制的角度来看待问题。"章明基说。

不过，借鉴美国管理经验的姚明也走了很多弯路，毕竟，不是所有的 NBA 理念都适用于 CBA。最明显的例子是，上海队之前开始聘用外籍主教练邓华德，并在球员不能充分流动的情况下从美国大学联赛 NCAA 引进张兆旭等球员。"他们（姚之队）之前走入一个误区，认为 NCAA 的球员来打 CBA 没问题。实际上，CBA 的对抗强度等要远强于

NCAA。”对此，上海五星体育电视台编辑曹键表示。

经历了五个赛季的试验后，姚明无奈地又重新开始聘用本土教练。“上海队坚定要走国产教练的路线，很重要的原因是，国外教练不适合中国球员的篮球文化。”章明基说，国外教练经常会对球员失控。“讲穿了就是，由于球员长期不流动，我们形成了一些根深蒂固的圈子或山头，这种复杂的关系让外教难以想象。”

“外教可以弥补一部分，但也有问题，他们与我们的语言、文化差异是非常大的。外教还不像外援，外援可以通过实力展现，外教必须通过语言感染大家，包括把他的意图执行起来。所以有文化与语言上的差异，外教是非常难施展他们才华的。”对此，姚明反思道。

另外，上海队希望引进 NBA 的管理模式，对球员更加宽松，让他们在球场上打球更有创造性。但这样尝试后，章明基发现，一些长期习惯于被管束的球员，突然之间宽松了之后，他们就像脱缰的野马一样完全乱套。

“我们很多东西不能想得太超前，还是得讲究中西结合，找到一种平衡点，更有耐心去推进。”章明基说。

与其他俱乐部老板不同，姚明没有实业，所以他更希望探索出一条可持续的经营道路。不过无奈的是，除了在投入上精打细算，他暂时还没有找到一个更好的商业模式。

“NBA 跟 CBA 最大的不同是，NBA 把它看成一桩生意，任何东西要长期发展必须要靠它的商业模式，但 CBA 完全没有商业模式，今年比赛结束了，明年再讨论明年的，完全不是一个讨论商业模式的方法。”姚明无奈地表示。

更让姚明无法接受的是，没有商业模式的CBA，今年还将进行扩军，由过去的18支球队变成19支。“在CBA可能都数不出来合格的19位专业教练的情况下，扩军就造成物价上涨，而物价上涨却并不代表水平上涨。这种感觉并不是很好，甚至有些痛苦。”姚明说。

在他看来，要改变中国篮球的这种现状，必须从孩子阶段就开始抓起。在经营上海大鲨鱼俱乐部的同时，姚明也想把NBA对孩子培养的理念更多地带入国内的篮球场地。于是从今年2月开始，他又多了一重身份：NBA姚明学校校长。

细心的人可能已经发现，最近一段时间以来姚明开始频频出现在湖南卫视《爸爸去哪儿》、东方卫视《我们一起来》、央视《开讲啦》等栏目。

其中，在《爸爸去哪儿》节目以及其他很多场合，姚明身穿的都是一件印有姚明NBA学校标志的T恤。在诸多采访中，姚明的这份新工作也是公关所极力希望媒体能宣传的。

最早，姚明看到篮球是一项比较受欢迎的运动，觉得开办一所NBA学校是个不错的机会。“我们本来是想做一个周末篮球培训机构，在筹备的过程中，NBA听说我们要做，恰好他们也要做，于是就强强联手吧。”“姚之队”中方经纪人陆浩说。

有着姚明与NBA这两块金字招牌，会有不少家长愿意将自己的孩子送过来。由于NBA姚明学校所收学员是16岁以下（包含16岁）的孩子，而NBA教练面对的是成年专业球员，他们并不一定能教好孩子们，所以姚明希望找一些高中教练。

“很多人说，你是NBA姚明学校，教练肯定是NBA的。但NBA

与CBA都是职业联盟，教练面对的都是成年人，跟面对孩子完全不同。所以我们更希望招募高中教练，他们知道怎样跟孩子去沟通，没有所谓最好的，只有最合适的。”姚明表示。

比如，NBA姚明学校选定的技术总监是比尔·辛格尔顿。在中国，知道辛格尔顿的人少之又少，但他曾经在多个国家打过比赛，退役后也一直从事篮球教学工作，出任过高中篮球教练、大学篮球教练以及职业篮球教练。

主教练助理威尔伯·艾伦同样是一名高中篮球教练。在他看来，“篮球伟大在哪儿？就是塑造性格，让每个人成为不错的人。这项运动给你机会去了解每个人的感受，他们从中是否收获快乐、享受，这很重要”。

“实事求是地讲，篮球打得好，未必可以帮你找到一份工作，但你如果有正确的人生观、价值观——这些可以在球场上寻找到，就可以寻找到更好的生活。”姚明对《财经天下》周刊说。

有了NBA做靠山，姚明正在最大化地利用这种独一无二的优势。每年夏天，不少NBA球星都会来华宣传，这些NBA姚明学校的学员有机会跟这些球星一起训练、打球，而在已经举办了十年的NBA中国赛期间，这些学员也可以跟球星一起训练和现场看球。在2014年2月22日，NBA姚明学校的开业典礼上，杜兰特、安东尼等众多NBA球星通过视频发来祝福。

“实际上，NBA这些年想在中国落地也比较难，他们想，篮球培训是一个有增长机会的生意，正好姚明也想做这一块，双方一拍即合，这就开始了。”北京体育营销公司“关键之道”创始人张庆表示。

目前，仅靠学员收费很难维持 NBA 姚明学校的正常经营，它的大部分收入还是依靠赞助商。以第一期为例，教练员 3 人，助理教练 10 人，而学生是 200 多人，每人收费 3900 元，全部学员费用才 80 万元左右，连教练员的工资都不够。

在姚明的规划中，目前在北京的 NBA 学校只是试验，一旦成功，他们会向其他城市推广。“各个地方不同，上海、北京、二三线城市都不同，配置的教练、生活成本等也都不一样。这里面需要去摸索，北京适用的模式，未必适用于天津。”

陆浩也透露，NBA 姚明学校未来可能要改称俱乐部，因为它是一个业余的体育教育机构。“它不是把学员固定在学校培养专业运动员的模式，我们将来希望它开在社区。就像健身房一样，每个社区有这样一个机构。这并不容易，但我们正在尝试。”

公益场

不可否认的是，无论是大鲨鱼俱乐部还是 NBA 姚明学校，尽管最近三年来姚明的个人色彩越来越浓重，但其背后真正的主导者依然是那个大众耳熟能详的名号——“姚之队”。

作为姚明个人品牌价值和商业符号的规划者，成立于 2000 年的“姚之队”对于姚明篮球事业的成功起到了不可替代的作用。不过，随着姚明的退役以及在其他领域谋取成功，“姚之队”的角色以及姚明与团队之间的关系都在悄然间发生着变化。

过去“姚之队”核心成员包括章明基、陆浩、约翰·海逊格、比尔·达菲、比尔·桑德斯等，但现在由于姚明大部分时间都留在中国，美方的约翰·海逊格与比尔·达菲参与得越来越少。此外，团队扮演的角色也由过去姚明打球时的主动变为现在的被动。可以说，姚明已经成为现在这支“姚之队”的新队长。

据章明基透露，之前，“姚之队”更多的是出谋划策，作为一个经营团队为姚明打理很多事情；而现在，“姚之队”则越来越转变成一个资讯团队了，为姚明提供一些信息，在决策过程中，姚明自己的想法也体现得越来越多。“从某种意义上讲，随着姚明的成熟，‘姚之队’所起的作用也在不断演变。”章明基说。

一个典型案例是，在“姚基金”的成立与运营中，姚明自己的观点和意见就起到至关重要的作用。“姚基金”成立于 2008 年汶川地震发生后，当时姚明捐赠了 200 万美元，并成立姚明基金会帮助灾区进行校园重建。

现在，“姚基金”隶属于北京众辉国际体育管理有限公司（众辉体育），同时隶属于这家公司旗下的还有易建联、丁俊晖、张琳、侯逸凡等知名运动员。作为众辉体育的股东，姚明保持着跟团队成员至少两周开一个电话会议的节奏。

“姚明退役以后要转型做什么，实际上‘姚之队’没有一个专门的定位，我们都是为他服务，他想做什么，我们都配合。”陆浩对《财经天下》周刊说。

如今，陆浩名片上的职位也已经从之前的众辉体育总经理变为了现在的“姚基金”管委会委员。这位中国唯一一个同时做过足球与篮球总经理的人，目前负责着两个基金——黄杉基金与“姚基金”，前者投资体育行业，后者则从事公益慈善。

“做慈善嘛，人不能钻在钱里边。”曾有过体育、金融、贸易等行业经历的陆浩说，“我也觉得挺骄傲，能帮‘姚基金’找到公益慈善项目，我觉得也挺有成就感的吧。”

目前，“姚基金”的项目主要包括姚明慈善篮球赛与篮球季。从2007年起，每年夏天一些NBA球星都会来中国跟中国国家男篮队员打慈善比赛；而篮球季也已经连续举办了三届，从最初覆盖49所希望小学，到今年参与学校已经达到了170多所。

说起来，篮球季诞生有些机缘巧合。原本，中国青少年发展基金会带了一个从事教育的人来找陆浩谈，他们拿出1000万元来搞足球方面的公益项目。陆浩觉得这是个好项目，不过是在北京实施，而北京各方面条件都很完善，并不是公益活动最好的地方。“你要找需要帮助的地方，这才叫公益。”陆浩说。

最终，对方放弃了公益足球的想法，而此时的陆浩灵机一动：为什么“姚基金”不做呢？

开始行动前，陆浩和他的团队进行了多方面的调研。“我们本来的想法是在‘姚基金’捐建的十几个希望小学里做试点，后来由于我们的宝马、史丹利等合作伙伴也都有捐建希望小学，他们要求这些学校也要加入篮球季活动。”陆浩说。

在被问及“姚基金”与其他慈善基金的不同之处时，姚明表示：“我想大家都出于一个很好的意愿，为社会做一些事情，目标不同吧，但这不是对与不对，我们更关注青少年的成长，获取体育方面的诉求，包括生活中必备的素质。你可能关注的是篮球水平，但我们关注的是他们用怎样的态度去完成比赛。”姚明对《财经天下》周刊透露，篮球季主要关注的是那些留守儿童，他们缺少比赛机会，希望通过比赛让他们有一个正确的态度来面对竞争。

“我们查了下希望工程有 17000 所小学，而这也是我们的目标。”姚明说。

不过与此同时，姚明依然面临着不小的挑战。用他自己的话来说，在中国做慈善与在美国做慈善是截然不同的：“美国一般是社区里比较有影响力的人出来，让大家去捐钱，不见得有媒体会报道，关键是做完社区里都知道了。而我们理解的慈善则是一定要崇高，有巨大的社会效应。”

“这种情况下，专业性的媒体很重要。比如，公益与体育结合会产生怎样的新话题？这就需要各方面记者去研究，而不是纯粹作为话题新闻去报道它。另外，公益的行规、体育的行规也很重要。公益本来就是大家自发自愿，在自己生活不受影响的情况下去帮助更多的人，所以特别需要保障大家的积极性。”姚明说。

眼下，随着“姚基金”篮球季的火爆，原本有公益想法的运动员或机构也希望能加入进来。比如原北京国安球员高雷雷，2006 年时就捐建了一所希望小学，看到篮球季活动的影响力后，今年开始跟“姚基金”开展合作。

无疑，这种场景正是陆浩和姚明所希望看到的。

事实上，2003 年“非典”开始，姚明就一直热衷国内各种慈善活动。“尽管姚明在篮球季和慈善赛上没有商业企图，但这对他个人品牌却很有益处。”张庆表示，姚明的慈善举动对其个人曝光度以及形象经营都非常有利。“这是相辅相成的，你发挥影响力做一些对社会有益的事，反过来它也会让你的平台继续曝光在公众的视野之下。”

生意场

在张庆看来，姚明无疑是聪明的，甚至是有些精明，对于自己的品牌和公众形象经营得天衣无缝。

其实，早在球员时期，姚明就以精明而著称，他的品牌经营和慈善活动为很多人所津津乐道。这也让他的成功并不限于篮球，在篮球之外取得了更多社会影响力的同时，他也不忘在商界一展拳脚。甚至很多人评价说，姚明在商业上的天赋与他的篮球天赋同样出色。

作为商人的姚明涉及领域诸多，除了上海大鲨鱼队，还包括姚餐厅、健身房、酒店、房地产、葡萄酒、巨鲸音乐网等。当然，其中很多项目姚明并没有真金白银地投入，而只是借用了“姚明”的品牌而已。而股票投资合众思壮，则是一个非常典型的利益转让，当时姚明以每股 1 元的价格买入了 37.5 万股，此后其收益一度曾达到 7000 多万元。姚明真正自己掏腰包的投资是在美国、北京等地的多处实业资产，其中包括豪宅、酒店和酒庄等。

尽管有媒体报道称，通过投资和商业运作，姚明已经赚得盆满钵满，但至少在账面上，一个不容否认的事实是，他掌控下的上海大鲨鱼队正在连年亏损，而早期重金投注的巨鲸音乐网也以失败而告终。当初，姚明以 300 万美元作为天使投资，后来谷歌入股时，他又跟投了一部分资金。“本身出发点是对音乐比较有兴趣，然后这是一个比较新的东西，是做一个尝试。”对于当初的投资，姚明回忆说。

作为当时的创始人，陈戈对于巨鲸音乐网的失败颇感惋惜。他说，如果不是谷歌退出，它极有可能会取得成功，因为当时巨鲸的流量大部分都来自于谷歌搜索。

现在，陈戈开始重新创业，依然专注于音乐领域。在他现在的办公室里，依然放着与姚明的合影。“做巨鲸的时候，姚明从来没有跟我说过他的顾虑，他是一个特酷的人，在他的字典里，不会有那么多顾虑。”陈戈说，“姚明实际上是一个特别好的老板和一个天使投资人。他从来不会跟你说那么多废话。”

不过，上海大鲨鱼队的亏损和投资巨鲸音乐网的失败，并没有阻挡住姚明扩大自己商业版图的步伐，现在的他还手握黄杉资本与弘远基金两只基金，其投资项目仍处于“培育期”。

“弘远基金是章明基在弄，我参与得不多。我的情结还是放在体育项目上，对其他项目还不是很感兴趣。”陆浩说，关于姚明的投资部分，他从来没有公开谈论过，而章明基也以“姚明私事”为由拒绝透露。

“我觉得姚明在商业上是蛮成功的。当然，他要是把所有心思都用在商业上，成果还可以更大，但是他的内心也不是说一定要在有生之年赚多少钱。”在张庆看来，姚明在商业上所走的每一步都是开创性的。“‘姚之队’本身肯定想去体育产业投资，也接触过很多制造、传统产业，但是传统产业没什么亮点，体育产业也没有形成产业链，还需要等待时机。”

有一点可以肯定的是，未来姚明还将会在商业上有更多的摸索和尝试。为了取得商业和篮球之外的其他领域的成功，退役后的他，甚至专门到上海交通大学攻读计算机和金融专业。

在自传《我的世界我的梦》中，姚明写道：“妈妈说为了将来，我必须学习英文和电脑。人们学好英语以便进入商界，或者去美国读书，妈妈觉得我可以将英文用于商界。”在火箭队打球时，姚明也会将管理类书籍《从优秀到卓越》带到更衣室，这是当时的火箭队主帅范甘迪送给他的书，并希望他能完成这种转变。

如今，姚明还有两年才能毕业。除了攻读计算机和金融，他还选修包括新闻在内的各种课程。学校离姚明家有一个小时左右的车程，为了避开上班高峰期，姚明通常早晨 6 点就从家出发。他不会住在学校，一方面学校没有适合他的床，另外他还有很多其他事情要处理。

“姚明真的是在认真学习。”陆浩说，姚明最近曾跟他讨论马斯洛的五种需求理论，包括生理、安全、社交、尊重和自我实现需求。

对于眼下互联网圈最热门的创新话题，姚明也有自己的见解。“创新，这个东西太难了，你如果没有渠道的话，创出的也是别人的新，你最多赚到第一桶金，然后卖给别人，再创新。而你卖给别人的创新就打折了，因为别人无法完全理解这个东西。另外，中国知识产权保护特别不好。”

在学习、经商和参与慈善活动之外，这两年姚明又多了一个新身份——政协委员。为了扮演好这个角色，他经常跟行业内人士沟通以收集提案，甚至“姚之队”也会出面协助。在 2014 年 4 月的全国政协双周协商座谈会上，姚明作了《取消赛事审批，激活体育市场》的发言。而在这个发言之前，陆浩曾组织邀请了篮管中心前主任李元伟、篮球评论员徐济成以及一些学者、律师进行座谈。

“政协委员是姚明的一个新身份，他很希望有一个平台能够给体育的改革发展做一些贡献。”李元伟透露，姚明会经常给他打电话，探讨 CBA 俱乐部管理、篮球改革等话题。

“政协委员对姚明来讲是非常重要的一个身份。”章明基向《财经天下》周刊透露，姚明明年的政协提案已经开始在收集了。“退役这几年来，他慢慢地变成熟了，越来越把理想和实际情况结合在一起，这使得他的很多想法都更接地气、更有现实意义。”

尽管在章明基看来，退役转型以来姚明一直在尝试改变，但一个依然没有改变的现实是，私下里很少有人能真正走入姚明的世界，即便是那些长期跟在他身边的人，也鲜有人能够做到这一点。大多数时候，姚明一直都生活在镁光灯下，即便退役之后，他依然是关注的焦点，一举一动都会在公众的眼球底下被无限放大，只是很少有人能了解他内心的真实想法。

上海五星体育电视台编辑曹键每年都会跟姚明有几次聚会，与会成员大都是当初赴美跟队采访姚明的记者，但现在他们都改行了。在这个聚会上，姚明会破天荒地聊聊他的生意以及生活状态，或者是说些他平时根本不能说的话。

“（聚会上的姚明）就像是一个普通人，他其实挺享受这种感觉的。”曹键说。

姚明的商业版图

基金

姚明旗下还掌控着黄杉和弘远两只基金。前者于2011年成立，主要投资体育产业，陆浩担任总经理，姚明是该基金公司的董事，章明基是高级合伙人；后者的前身是亿泰基金管理有限公司，由于迟迟无法完成募资，姚明接手后，摇身一变成为PE新贵，章明基任董事长。

众辉体育

成立于2004年8月，是以"姚之队"为底蕴的体育营销管理公司，签约了易建联、丁俊晖、张琳、侯逸凡、林丹等运动员，主要业务为国内外运动员经纪、体育赛事及活动管理、体育公关咨询、体育营销咨询等，同时负责姚明的商业活动运营。姚明是众辉体育的股东。

NBA 姚明学校

成立于2013年10月，去年12月开始正式面向16岁（包含16岁）以下青少年招生。由于有姚明与NBA两块金字招牌，这种学校模式有很强的吸引力，不过仅靠学员收费很难维持正常经营，大部分收入还是依靠赞助商。目前在北京的学校处于试验阶段，一旦成功，就会向其他城市推广。

（本刊记者苗正卿、杨雪对此文亦有贡献）

（2014年第18期）

陈晓后传

离开国美四年，这位充满争议的上海商人并未如一些人所料，渐渐淡出商业世界，而是选择借助“新沪商”重新出发，在金融领域开辟一片新战场。

文_**周红艳**　编辑_**张厚**

草绿色 T 恤衫搭配浅棕色休闲裤，没有板正装扮、笑意盈脸的陈晓看起来比他的实际年龄还要小一些。实际上，今年刚刚 55 岁的他，在时下中国的企业家当中，也的确算是个青壮派。

与陈晓约定采访的时间是在初夏一个周二的下午，这是他当周第一次来到办公室。现在的他，日程比较灵活机动，因为工作性质的转变，他现在不需要每天守着一堆数据和既定的日程谈生意，有许多事情可以在喝茶、打球、吃饭时解决。陈晓往往会把这些事情紧凑安排，然后用剩下的时间来陪家里人。

提起陈晓的名字，大部分人的第一反应仍然是“国美电器前总裁”。

三年前，围绕着国美电器控制权与身陷囹圄的大股东黄光裕展开的那场商战太过轰轰烈烈，以致短时间很难将其从人们的记忆中抹去。

不过提起这段往事，当事人陈晓却说，他已经从一开始的惴惴难以释怀，到现在慢慢地看开。“我现在已经习惯了外围的、对我不熟悉的那些人对我的误解。后来发现，其实熟悉我的家人、朋友，自然会懂得我。”

回到上海的这三年，陈晓的身份变成了新沪商集团董事长。离开了他最为熟悉的、却是积重难返的零售行业，选择第二赛道，打造一个模式全新、业务全新、理念也全新的产业集团，可以说又是一场从头开始的创业。不同的是，这一次他可以掌控全局，所以已经不再焦虑。

“他现在的状态特别好，与最相信的人一起，做最想做的事情。”回到上海后，以前永乐的老部下时常还是会与他相聚，也十分感怀他的变化。“国美的事情对他来说的确是伤害，但好在已经过去，他下一段的人生才刚刚开始。”

“温和的独裁者”

即便是不认同陈晓的人，也无法否认他在经营上的能力和丰富的商业履历：在国企内做到高管级别，却因家庭忽遭变故，为生活所迫下海创业；一手创立了连锁家电卖场品牌永乐电器并做到上市，却又遭遇整合并购；转型做经理人，然后又急流勇退……

最近这次选择新沪商作为商业冒险的新起点，却并不是陈晓有意为之的布局，而是他的朋友们首先选中的他。

“经受国美危机、股权之争、财务危机爆料这一系列事件的打击后，从北方归来的陈晓，对于自己未来的人生与事业安排，是有几分迷茫和不确定的。他想要好好生活，可骨子里的不服输却一直叫嚣着要寻找机会东山再起。”参与新沪商平台搭建的一位老员工如是回忆。

好在，迷茫的日子并没有持续太久。陈晓在故乡上海多年积攒的好人缘，在关键时刻发挥了作用。在他还没有完全想好下一步时，他的朋友们率先选择了他。

回到上海后不久，中央党校企业家培训班的老同学们为陈晓举行的欢迎宴上，班上的“老大哥”、上海富大集团董事长袁立给陈晓准备了一件接风礼物：一个名叫新沪商的空壳公司。

《新沪商》原本是一本报道上海本地企业家风采的杂志，隶属于《解放日报》，后因为经营不善而停刊重组。这本杂志成立最初是以会员制邀请上海的企业家参与投资的，因此，除了原有的媒体品牌，还包含着一个企业家俱乐部的社团组织。袁立将其买下后，并没有完全想好该怎么重构它，直至陈晓归来。

在那次欢迎宴上，袁立忽然想到以陈晓的能力与人脉，说不定可以盘活这个空壳。饭局觥筹交错间，两个人深聊此想法，袁立发现新沪商原有的价值理念，与陈晓回归上海后想要试水新商业的想法不谋而合。于是就与陈晓商议，是否要重整新沪商，再造一个产业集团。

两人一拍即合，在那次接风宴上，他们振臂一呼，20 多位上海本地的企业家都纷纷表示赞同，支持这一提议，并参与注资加码这一计划。他们也成为新沪商平台的第一批股东。

“他是个天生的生意人，对于商业的敏感永远令我们这些同行感到惊奇。”新沪商的另一董事、中邦置业董事长卫平如此评价陈晓。

最近这两年，他经常会陪陈晓一同外出考察，他发现普通人每走到一个地方，眼中看到的是风景，可陈晓看到的却是商机。“上一次我们一起去澳大利亚，一群袋鼠挡道，大家都感到诙谐有趣的时候，陈晓却在一旁盘算着能不能把他们带回国圈养，创造新的旅游项目。”

“我们看中陈晓，是因为他是这个位置的不二人选，有能力、有资源、有影响力，所以我们相信他一定能够给新沪商带来价值的重造。”袁立如是说。

实际上，陈晓的加入也的确给新沪商带来了扩容效应。目前新沪商俱乐部的会员总数已超 300 人，整体身价去年年中已达 300 亿元。会员主要是上海企业家，其中不乏安信地板董事长卢伟光、云海实业董事长施有毅等行业大佬。

“在我邀请他执掌新沪商时，陈晓只有一个条件，就是要有绝对的控股权。”袁立透露。

这一要求，多多少少令人联想到了陈晓之前在国美的遭遇。

“在国美的最后两年，陈晓推行的零入场费改革，还有后来的股权激励政策，即便是放在现在来看，依旧是极具先进性的。”一位长期研究国内零售市场的人士评价称。

时至今日，陈晓仍在惋惜那场没能推进下去的变革。“如果能够推行下去，国美或许已经不是现在的国美。”所以，在决定执掌新沪商的时候，他要求他的合伙人给予他绝对的控制权，以便他可以完全按照自己的想法来搭建新平台。

不过，同样是结合之前的教训，他还是对大多数民营企业大股东

“绝对独裁”的管理架构进行了一定程度的改良，给予了自己一定的制约，变身为一个“温和的独裁者”。

达到这样效果的具体做法是：再找几个大股东入股。现在看新沪商的股权结构，陈晓虽然是最大股东，却并不是单一的大股东，另外三位创始人袁立、卫平、孙贴成占股比例为50%，四人形成新沪商集团的核心董事会，每个人都有一票否决的权力。

另外，几人在权责上也有明确的分工。“主要决策权和管理权还是在我这儿，但我不善于打交道，像是去见政府、去喝酒之类的事情，就找卫总，跟慈善相关的就找袁总，我们分工还是很明确的。”陈晓说，四人平时也会产生分歧，此时会表决决定。

“我希望新沪商集团最终可以成为一个团体的企业，而不是个人的企业。”

话虽如此说，可对照陈晓的职权范围以及他在现有股东中的影响力，依然可以看出他对于新沪商平台的绝对控制力。

任大庆是陈晓的老部下，投行出身，做过PR（公关公司），是个全才，现在是新沪商旗下管理咨询业务的子公司负责人。“我们现在是子公司制与项目制相结合的运行模式，陈总往往会把握一个项目开始的决策、最后的拍板，并在做事的过程当中进行一定的指导。”他如是解析陈晓在公司中的具体职能定位。

金融野心

董事会与决策层确立后，陈晓和他的团队就开始搭建平台和寻找项目。在保留原本最有价值的企业家俱乐部交流平台的基础上，陈晓将新沪商的另一翼定位为一个以盈利为目的、以平台进行投资的产业集团，致力于股权投资、财富管理、管理咨询等一系列泛金融业务。

事实上，“投身金融”是陈晓的一个长期想法。这些年与中小型甚至是比较大型的企业进行交流时，他发现企业对于融资、管理等金融业务的需求很大。只不过，彼时陈晓仍执掌着一家实体企业，沉浸在零售业改革的鏖战中，无心也无力去开拓新疆土。

新沪商给了他实践这一想法的机会。自这一平台筹建以来，陈晓就一直在设法开拓金融相关的服务体系，并从银行、投行等金融机构里面挖掘专业人才来打理业务。

“我们希望能够集合一批上海企业家的创业经验与资金资源，再去孵化现在的成长企业、未来的沪商大型企业。”陈晓总结说，“现在我们已经有了股权投资、融资租赁、管理咨询、保理业务等方面的专门子公司，另外还成立了拍卖公司，现在的业务品类也还在不断增加中，以后像是民营银行等诸多资质、牌照，新沪商也是要争取获得的。”

言语间，陈晓并不掩饰他以后要将新沪商平台做大的野心。

“我认为这个细分市场的机会非常大，我们现在专门在打基础，将功能性的架构搭建好，同时培育人员的运营能力。金融市场的天性决定了它比其他市场更注重运营能力，以后一定是谁产品设计得更好、运营能力更厉害，谁就会取胜。”

实际上，伴随着金融行业的市场化程度越来越高，这一市场所展现出来的空间和机会非常巨大。抛开客观因素，陈晓实现这一愿景的可能性还是极高的。

有了架构、想法，剩下的就是要推出一些项目，在保障集团盈利的同时，试试市场水温。

2013年8月，陈晓与新沪商的另一董事、中邦置业的董事长卫平合作了一个地产金融项目小试牛刀。

当时，陈晓主导新沪商旗下的琥珀资产管理公司与中邦地产合作收购中凯豪生大酒店，预备将这一高级酒店改为酒店公寓推向市场。因为收购时的楼面平均价格低于周边的市场价三成多，使得这笔总价13亿的项目一经达成，账目收益就已超4亿元。

不过，作为商业地产改造的项目，这一项目难以拿到银行的直接融资。为了募资，一款名为"新华信托·中邦系列稳健型并购投资基金集合信托计划4号"的信托产品就应运而生了，这一产品募资近5亿元，以用于酒店改造的相关花销。

信托发行资料统算预计，该项目总投资回报率至少为92.3%，而给予信托受益人的年化收益率在9%至12%。这项投资中，陈晓除了向并购投资基金出资1亿元，还向信托计划还款提供个人无限连带责任，这一举动被不少评论人士定义为"陈晓个人的地产豪赌"。

对于此种说法，陈晓不甚认同。"这是一种误读。我对于新沪商的定位非常明确，绝对不直接做房地产。我之所以选择做这一项目，除了测试市场，更多的是进行一种财务投资，这个项目的盈利前景非常好。"

同样不被陈晓看好的，还有他的老本行零售业，因为"目前的零售业是一个奇葩的、扭曲的、不正常的体系，只能依靠不断提高商品价格来维系"。这三年来，除了最早时期（2011年）他个人投资的名巢靓家还可以看出一点儿零售行业的影子，陈晓的其他投资都与零售行业相去甚远。

最近，陈晓更感兴趣的两个行业是生物医药与互联网新科技。为了补课，前段时间他还特地找来库兹韦尔（专门预测人工智能到来时间点、“爱迪生的法定继承人”）的著作《奇点临近》补课。

在陈晓看来，未来商业的形态肯定会发生剧变，因为单纯依靠房地产令资产价值增倍的模式已经走到了尽头，未来，生物医药、新科技新科学、互联网领域的应用创业一定会颠覆整个商业环境，“我们需要看到这一趋势里面的价值”。

今年，陈晓将新沪商旗下基金的投资比例定位得十分明晰，70%投生物医药，30%投互联网新科技，另外还与上海新文化集团合作建立一个文化基金。他最近投资的一个互联网新创公司，主要产品是做系统内容屏蔽应用的，陈晓笑称，他看中的是这个产品的“政府采购前景”。

不过，他也坦言，新沪商并不会刻意避开之前的那些产业。“实际上，问题越多的产业，它的机会就越多。关键是，我们这个社会浮躁近十年了。这十年，财富增长那么多，都是哪些产业呢？首先是房地产，其次是资产证券化。但这两个行业推动的财富增长实际上是虚的，是纸面上财富的增长。对于商业来讲，这十年也是商业竞争十分浮躁的十年。所以现在无论做哪个行业，都要选择没那么多浮躁基因的。”

除了具有实体企业的职能，新沪商还有一部分企业家俱乐部的圈子职能。陈晓平日里除了处理公司事务，作为企业家俱乐部的“智慧代表”，他还要兼顾俱乐部的圈子开拓、维护与治理工作。平日里，他经常会在新沪商企业家俱乐部里面与成员在线交流，也会定期组织专家、企业家团队到访一些企业，为他们解决实际问题。

相对于外企与国企，上海的民营企业较为弱势，金融专业化的程度也不高。陈晓常常会向俱乐部里面的成员灌输“未来是金融大发展的十年，企业一定要做好准备”的观念，并帮助他们梳理一些基本脉络。最近这几个月，他就在帮助袁立的富大集团整理环保业务方面的一些基本财务问题，做一些投行前端的业务，为这家企业的上市融资奠定基础。

“其实我们4个人刚开始在一起做的时候，就想得很清楚，现在的上海商业需要一个像新沪商这样的东西。有一个现象不知你们有没有注意到，在早年，上海是中国现代商业的发祥地之一，是企业家辈出的一个地方，但是近十年以来，上海商人却变得比较弱势。这里面的因素可能有地区性格文化的原因，也有一些历史原因。”

陈晓觉得，今天上海出现杜月笙这样的枭雄的机会很小，当年的情况是因为上海还很混乱，现在则不然。现如今，父母都教育孩子要好好学习找份好工作，而潮汕、福建那边一般是教育孩子要做个好老板。“另外，上海是中国全社会契约程度最高的地方，也就意味着我们是最守法的一群人，在前几十年，这样守法的商人有时候就会错失一些机会。”

在他看来，新沪商平台的一大职能就是要唤起沪商这个群体的崛起意识，也要为这个群体做一些前期基础性的帮助。

国美后遗症

陈晓坦言，他十分满意现如今的生活状态：一半时间做着自己喜欢的工作内容，一半时间留给家人。在三年前离开北京时，他曾承诺离开纷争后，要好好生活，“我现在也算是说到做到”。

之所以将“好好生活”设定为人生目标，陈晓表示，是因为此前北上的那段时间没能善待自己与家人。而现在，即便是有了新沪商这个新平台，他依旧没有忘掉这个对家人与朋友的承诺，工作不忙碌的情况下，他就会陪女儿一起看看美剧，找老朋友一起喝喝茶。

回到上海这三年，陈晓的生活圈与朋友圈基本上也回到了八年前北上之前的状态。陪他逛街、喝茶的主要还是一些永乐的老部下以及早年在沪结交的老朋友。

但他也并不避讳结交一些新朋友。比如他参加了在北京时结交的好友刘东华组织的正和岛私人董事会。外人可能想不到，外表沉静的他，在私人董事会的活动中却是非常活跃，常常与一些新朋友唇枪舌剑，有时候连教练都很难拦住他。

“我现在的生活状态，与之前国美时期相比变化还是很多的。国美是一个行业企业，它的经营方式、战略方向、管理经验都在比较集中的领域，专业度更高，而现在我可以关心、观察很多东西，并不一定是很深刻，更多是用思想来考虑问题，而此前则更多是用专业来考虑问题。”

陈晓称，从风口浪尖上退下来后，自己还算适应现在的生活，可以比较自由地做一些事情，不再像以前那样压力很大。

只是，过去这些年在国美经历的种种纷争始终是压在他心头的那一块大石。

谈起任职国美，与黄光裕相识、相交、再分道扬镳的这五年时，陈晓并没有避讳，他坦言那是几乎耗尽心力的五年。其间，国美因为黄光裕案的爆出而陷入几近灭顶的灾祸，他临危受命，之后伴随着这家企业几次生死轮回。

“每天过得都像一条绷紧了的橡皮筋。”陈晓回忆起那段往事时，不由自主地将手中的香烟来回转动，似乎即便隔着时空，那种烦躁感依旧令他难以忘怀。那段时间，他身边的人印象最为深刻的就是鹏润大厦长明的灯火、他手中几乎不灭的雪茄与酒后微醺时刻的几声叹息。

2008年年底，黄光裕案事发，当时国美面临着前所未有的压力。当时银监会甚至单独发文，警示国美系统将要出现的风险，令商业银行谨慎给国美贷款。而像国美这样的体系，一旦银行停贷，实际上就意味着血脉被切断，再加上资本市场上的步步紧逼，当时的国美几乎时时刻刻都有可能消失灭亡。

“那个时期的根本目标是保公司，与此同时，以此为契机觉得需要思考公司的转型和改革。而那段时间我的压力是最大的，一个策略不对，就可能会毁掉整个公司。”陈晓说，“我们当时几乎每天都在想尽各种办法来说服银行、股东、投资人要对我们有信心，即便是黄不在了，国美体系依然是可以为他们创造价值和利益的。”

最终，国美逃离了覆灭的危机，可后来发生的很多事情却令陈晓始料未及，当年的亲密战友陈晓与黄光裕因为在企业执掌意见上的不合而最终分道扬镳。

陈晓称，当时他已经意识到了零售行业的问题难解，黄光裕出事之后，国美亟须给资本市场讲一个新故事。借此机会，他在国美推行了一场体制、机制的改革，具体做法是打破供销商控制产品渠道的老办法，对产品采用零入场费，在可以承受的程度内，尽量扩大国美自主经营商品的体系。

尽管陈晓觉得从企业的角度看，国美考虑转型是正确的策略，而且这样的经营方式是经过国外市场检验的成熟模式，但当时他遇到的阻力是超乎想象的。有黄光裕的阻力、管理层既得利益者的阻碍、员工的不理解……此外，转型是要挑战供应链的，而那时的供应链正是陈晓的合作伙伴。

可以说，当时的陈晓面对着来自各方的压力，用他自己的话来说："你想要帮他们，而他们却反过来要打击你，不被人理解让我备感痛苦。而且，当时我也不是一个名正言顺的领导者。"当时，有媒体甚至用"捆绑人心""企图篡位"这样的词汇来形容陈晓的改革。

"一开始，我并不理解他（黄光裕），因为我想无论我做什么，受益的总还是他的公司，为什么还要反过来反对我？毕竟，保住公司的利益是我做事情的第一出发点。可后来冷静下来的时候设身处地地想想，他当时在那样的环境里面思维方式是不一样的，那个时候他可能认为钱并没有那么重要，换作我，也可能会想要把公司利益与自己捆绑起来。这两年我开始渐渐地理解他，毕竟当时当势，我想要做的和能做到的，并不一定是他最需要的。"陈晓说。

舆论上的一边倒，本该与他站在同一战线的高管的不理解，令陈晓心灰意冷，并最终选择了离开。2011 年 3 月 9 日，陈晓辞任他已经担任了两年零三个月的国美董事局主席一职，离开了当年国美股权之争的风暴中心——北京。

"现在想想，当年还是不够成熟，太好面子，所以才会有了错误的选择。"当记者问及后不后悔当年的几次决定时，陈晓略略思索了下，做出如此回答。

直到如今，陈晓一直都把在国美任职的那段经历当成是自己在商海摸爬滚打的沉痛教训。即便三年的时间已经过去了，他也选择回到上海开辟自己的第二赛道，但是很显然，国美时期的伤疤依然停留在陈晓现在的工作与生活中。

如今的他，在选择下属与投资伙伴的时候都会有几分“独裁”的色彩，往往“对人不对事”。他承认，这是与黄光裕合作那些年的经历留给他的血泪教训。

“在新沪商，我选择合作伙伴的时候，可能会先看性格，性格决定命运，一个企业领导者的人品有问题，项目价值再好也会有出问题的一天；同样，合作者要与自己的价值观比较吻合，真正的合作者不应该是因为阶段性的利益而捆绑在一起，而是应该对业务的大方向有着比较一致的看法与理解，要么不合作，要合作就要合作一生。”

陈晓说，国美事件之后，他对“合作”二字有了更深的理解，以前的合作说的是一件事情的合作，只要双方阶段性配合就可以，而现在他选择合作，更多会定位为一生的合作，很多底线是不能破的。

对陈晓来说，另外一个改变则是来自心态上的。想当初，陈晓从北京回到上海，从国美转向新沪商，很大一部分原因是自己做的事情没多少人能够理解，感觉心比较累。但现在的他，显然正在逐渐尝试改变这种认知，以一种更平和、淡然的态度来面对沉浮的商海。

“当初所谓的国美夺权之争，发展到最后实际上就变成了舆论战，大股东那边也花了挺大的代价来做舆论公关，所以直到现在舆论对我都还有所误解。之前我还会在意，但现在觉得过去就过去了，你不能让所有人都认同你吧。做企业、做生意就是这样，你没必要一定要站在风口浪尖上，生活是自己过的，别人认不认同你，还是要自己过。周围与我接触比较多的人会理解我，这就够了。可能外围有一些人不理解，那也就算了吧。”陈晓说。

陈晓谈零售业

EW=《财经天下》

CX＝陈晓

EW：怎么看时下零售行业的现状?

CX：现在的中国零售市场相当奇葩，全世界都少见的，具体表现就是永远高于国外同类产品的商品价格。我在国美的时候，曾经受到中国商务部的委托，去调研国内外商品价格的差异问题。当时就发现，在中国市场上，不仅是进口商品价格高于国外的同样商品，即便是中国出口国外的、在国内制造的商品，国内价格也时常高于国外价格，这实际上是一件极其不合理的事情。

EW：零售业的问题出在哪里？该如何解决?

CX：中国零售行业的桎梏，总结成一句话来讲就是“没有经营管理意识”。没有经营商品的能力，所以没有定价权，没有经营卖场的能力，所以只能打价格战。

中国的零售卖场从业者大都不怎么自主经营商品，即便是像国美、苏宁这种强势的卖场，自主销售的比例也十分低，这就令大多数商品的市场价格掌握在供销商或是制造商手中。但卖场在相互竞争的时候，又会将降价的压力转移到经销商和制造商手中，经销商与制造商在没有办法的情况下，往往就会包装一个概念，然后提高商品价格，最终还是消费者来买单。

EW：电商能够解决现有零售业的困境吗?

CX：对照互联网思维的概念我们可以知道，互联网最为本质的两项特性就是免费与去中间化，而电子商务模式在一定程度上遵循了这两大特性，改变了现有商业体系的某种平衡。但电子商务也不是万灵丹，尤其不是传统零售业的救命草。

电商要是不改变现有的供货、流通体系的话，实际上也没创新多少内容。电商要有前途，也要提高经营能力，打破现有商品价格形成体系的“潜规则”，并学习沃尔玛、优衣库等国外先进零售体系的管理能力。

EW：怎么看包括国美苏宁在内，几大家电电商平台之间的价格战?

CX：我还在零售行业时就说过，价格战的本质就是互相找噱头抬高价格、削减存货的一种营销手段。每一个地区对于每一类产品在一定时间内的需求增长是比较恒定的，而一个市场一下子多了那么多的竞争者，就必须通过一些方法制造需求，价格战就是其中的一种。现在电商参与价格战，只不过是参与者的人数变多了，其他的情况，并没有发生根本性的改变。

EW：零售业要改变现状，该学习谁?

CX：零售行业如果要学习管理能力，应向沃尔玛看齐。沃尔玛体系的核心，从它的广告语“天天低价”当中就可以体现出来，是以“用户为导向”的一种经营方式。中国零售企业常说“顾客是上帝”，却往往很难真正做到这一点。零售企业如果真的想试着改变现状，应该学习经营商品，比如说家电零售业，应该扩大自主经营的比例，与经销商、制造商商定压低商品价格，然后将优惠让渡给消费者。

(2014 年第 17 期)

罗永浩：闯入者怎样做手机

异于常规科技企业创始人，前英语老师罗永浩不是理科生，他攻击性强，特别"事儿"，当他宣布做手机后，网络上充满着大量争议和鄙夷。闯入者罗永浩怎样扮演好产品经理和"企业家"的角色，交出他的作品。本文抛却争论的口水，还原他历时两年的造机之路。

文_**周昶帆　商思林**　编辑_**陈旭**

很少有创业公司，创始人和产品能连接得如此紧密。从这个角度说，锤子科技公司创始人罗永浩是个异类。

锤子手机发布后的第三天晚上，罗永浩坐了下来。他看上去很放松。战争还没有结束，但战役已经获胜，他又可以肆无忌惮地说话了。

"一群笨蛋。"他开始喷那些看不懂他的人。

5 月 20 日，这个被称为"老罗"的中年男人刚刚享受了一把关于自己的"话题红利"。

当天，锤子科技第一款手机 Smartisan T1 的发布会如期举办。开场前，场外有大量的黄牛在收购和出售门票，很多拿不到票或者外地的粉丝则通过互联网围观了发布会直播。

在北京国家会议中心，近5000人来到了现场，其中约3000人自费买票入场，不少人从外地坐飞机赶来。这场发布会也打破了科技活动的网络直播记录——累计登录观看人次高达274万，最高同时在线近33万人。而在社交媒体上，锤子顺利成为当晚的热词。

对于很多人来说，“老罗”已经是一个标签，代表着奋斗、叛逆和不同寻常。而锤子手机，重要的不是那些参数，而是它代表着老罗的“情怀”。

不管承认与否，罗永浩的个人经历是锤子手机的核心商业价值之一。对于这次发布会，锤子科技仅仅花费了150万人民币，而它达到的广告效果，罗永浩的说法是“至少价值1个亿”。

发布会自然是精心设计的。在台上，罗永浩像他的偶像、苹果公司创始人乔布斯那样，采用了剧场演讲式的风格：极简主义的PPT被投射到大屏幕上，配以舞台的灯光和雅致的幕布，罗永浩穿着T恤，一个人讲了两个多小时。跟以往不同的是，这次发布会他刻意收敛，不用笑话来调节气氛，因为他从此要避免“相声演员”的身份。

“同事提醒我，现在是企业家了。”罗永浩说。

摩托罗拉

如果不是罗永浩穿着他标志性的黑色宽大T恤坐在对面，你会误以为自己身处摩托罗拉公司的办公室。

办公室墙上贴着“如何提高开会效率”，摩托罗拉的蝙蝠标志赫然在列；在电梯里，一个覆盖整个电梯门的黑色贴画提醒你“当你说话时，小心有人正在倾听”，落款是摩托罗拉。

过去一年高强度的创业生活使他来不及更换前主人留下的痕迹。“连地毯都没换。”罗永浩说。

对于很多锤子科技的硬件工程师来说，这些痕迹显得非常温暖，因为他们很多都来自摩托罗拉的手机部门。摩托罗拉移动公司曾是功能手机时代的开创者，但却是智能手机时代的失意者。这家公司先是被卖给了互联网巨头谷歌，后来被出售给中国的联想集团。

“科技行业没有百年老店。”罗永浩说，“苹果做手机的时候，诺基亚、摩托罗拉的人笑成什么样，结果 iPhone 出来以后都吓傻了，太‘牛逼’了，革命性的。”

不过办公室选址摩托罗拉大厦，并不是一种刻意的结果，只是因为锤子科技以前的办公地租金比现在的这处要贵 30%。

“很多工程师过去在摩托罗拉上班，家也在附近，如果要去中关村上班，心理成本会高一些。”罗永浩现在喜欢把“成本”挂在嘴边。过去两年的创业，他身兼数职，不过他最喜欢的还是产品经理和“职业演讲人”。

他承认，自己擅长把握人性，而搞不定技术，好在手机行业的技术是高度模块化的成熟技术。“我坚信钱就能搞定。”

当然，一切没那么容易，何况他也并不是一个有钱人。

在去年发布了 Smartisan OS 的 Rom 产品后，他更急需找到一个 CTO（首席技术官）来帮助他搞定硬件。

罗永浩做了最坏的打算，如果锤子科技自己搞不定，就做贴牌机

——就是深圳的厂商给一个开发方案，他们在此基础上尽量去改、去完善，最后推出一个勉勉强强的手机，先卖一年，然后再推出一个好一点的再卖一年，可能到第三代、第四代产品才能有一个比较好的基础。但那样将会花费漫长的时间。

对于四十多岁的老男人来说，时间并不宽裕。幸运的是，经朋友介绍，罗永浩找到了他的目标人选——钱晨。

在今年的发布会上，罗永浩向听众们简单介绍了钱晨的背景。他之前在摩托罗拉工作，担任资深工程经理，曾经主持摩托罗拉开发过多款硬件产品的研发工作，是摩托罗拉在中国的三个硬件研发主管人之一，而其中另外一位研发主管周光平加入了小米，担任副总裁。离开摩托罗拉之后，钱晨加入 Marvell（迈威科技集团有限公司，现更名美满），担任硬件总监。

钱晨比罗永浩大十几岁。他经历过摩托罗拉的黄金时代，但在大起大落后产生了失望情绪，甚至不愿意再回到手机行业。半年中，罗永浩找了钱晨很多次，每次钱晨都很热情，帮他出主意、找资源、介绍朋友。但每次提到要他亲自出来做，钱晨就哈哈一笑，“都快要退休了，我就不做了”。

去年发布 Rom（一款安卓移动操作系统）之前，罗永浩又找到钱晨，提前向他介绍自己的产品。为此，他准备了个 PPT，准备了动画和交互方案，还有几个 APP，在钱晨的办公室里，罗永浩讲了两个多小时，跟发布会上讲的不同，他没用任何演讲技巧，只是把所有点介绍了一遍，钱晨没想到罗永浩的确是个用心做事情的人。“他以前就觉得我光能忽悠，现在一看这产品有想法，然后就被打动了，反正挺不容易的，也有运气成分吧。”罗永浩说。

当天晚上，罗永浩问钱晨的意见。钱晨说，问问他们的意见。他们其实是指他的老部下，而这也意味着老爷子松口了。从第二天开始，罗永浩天天催。最后，钱晨的老部下愿意和他一起做手机。那些人一开始不信任罗永浩，也并不知道锤子科技是怎么一回事，但是老大要做手机，那就一起做。“他是手机行业里出了名的一面旗帜，所有他的老部下，少数几个跟他去了 Marvell 芯片，剩下都散落到各个公司去了，然后他一打电话，呼啦一下全都聚齐了。”

硬件团队基本上都没让公司人力资源部门费劲。罗永浩说，“你想，经历过摩托罗拉的骨干工程师，都是精英，跑到深圳一个小厂子里做手机，整个人觉得老板同事都‘傻逼’，心情很沮丧。结果钱晨一来，他们都高兴起来”。

去年 5 月，钱晨正式加入了锤子科技。有了硬件领军人物和团队的加入，这对罗永浩和锤子科技的发展来说非常关键，“我就没有技术背景，我找一个靠谱的 CTO，这对我来讲就是解决我们公司一半的问题”。而当年 7 月份，锤子科技就搬到了望京，原摩托罗拉所在的大厦。

中产阶级

虽然被贴上了“情怀”的商业标签，但只有罗永浩自己知道，这两个字有多么辛苦。

他花费了大量精力在 UI 界面美观、动画流畅和优美上，这曾让做前端的工程师极为“痛苦”。比如九宫格的桌面在解锁后会有一种风吹过抖动的动画效果。他的工程师被逼着一毫秒一毫秒地调整动画精度。“他对这个根木不敏感，也没兴趣，你天天逼着他调，调一个月这个东西，把工程师都调得吐血了。”要做到九宫格的每一个板块的吹拂效果都舒服，罗永浩自己都要审一两百遍。这是一种纯感性的东西，通过个人的主观来感受。当他满意了之后再交给设计人员来挑毛病，最后挑不出来了才能通过。

工程师们起初并不喜欢他们的产品，一边骂一边开发，有时候觉得跟这个不靠谱的老板不知道能扛到哪一天。而罗永浩觉得这是两类人，他们理解不了，给他们讲都是白讲。那些“脑残粉”看了演示还尖叫，工程师觉得这是被洗脑成邪教了。后来产品上线了，他们发现外人会为一个特别无关紧要的小动画而激动。再过一阵，夸的人多了他们也会得意，这是他们做的。然后用着用着，再去用其他手机当工程机时就会觉得其他手机不好用了。

手机硬件的工业设计，锤子科技找到了世界著名的设计公司Ammunition来为T1设计手机外观。在做企业的过程中，罗永浩想明白了一个问题，为什么有的公司知道设计的重要性，但是在手机硬件的工业设计上还是会出现一些很难看的东西。“老板不懂设计，企业是无解的。假使我卖火了，可能很多厂商都去找Ammunition，其实解决不了问题。”而Ammunition与锤子科技签订了独家协议。罗永浩认为对方之所以愿意跟他们签协议，是因为他们沟通顺畅。“要做好东西一般需要一个懂行的甲方加一个‘牛逼’的乙方精诚合作。”

罗永浩对用户体验和设计的自信来自于他自己的研究和敏感，过去他经常琢磨iPhone上的用户体验，那些他认为不易用的、可以改进的地方他会讲给他的妻子和别人听，当这样的地方多了，并且随着iOS（苹果公司开发的移动操作系统）版本改进、很多地方得到修正和改善时，罗永浩得到了他身边朋友的认可。“如果我在苹果工作，一定是个骨干产品经理。”罗永浩说。

他认为锤子手机和iPhone定位相似，主要消费群体是有文艺情怀、愿意为设计感买单的城市精英和中产阶级。这也是为什么锤子会定价3000元。罗永浩强调，他知道这些人的真正需求是什么。

他对网友依靠元器件算出的锤子手机1500元的成本嗤之以鼻，认为设计和工艺才是锤子有价值的地方；他也不认为锤子手机是粉丝经济，认为粉丝经济的本质是从一个群体扩散出去时传播上会占点便宜，粉丝经济适合于卖单价低的商品。“你看韩庚卖手机卖得动吗？他比我名气大多了。”

至于小米，罗永浩坦言他不会像雷军那样“为草根服务”。

“草根和经济状况没有必然关系，是生活态度问题。比如我穷的时候也不会说炒个菜，然后底下剩点油星，我再刷一刷放点葱花弄碗汤喝。”罗永浩说，“如果乔布斯活过来，你让他去草根市场跟雷军打，我敢说他百分之百打不过雷军，乔布斯根本不知道草根喜欢什么。”

不过在发布会当晚，他站在台上感谢了小米公司的创始人及CEO雷军。先行者小米改变了过去手机行业内供应链上相关厂商对新进入者的态度，尤其是背景看上去显得外行的进入者。“雷军作为一个外行，误打误撞进了这儿把它干成了，导致供应链厂商对新兴中国企业不敢小瞧，谁也不知道你是不是下一个小米，可是雷军当初做的时候是各种冷遇，各种不愿搭理。”

小米的先例也让相关的厂商紧盯市场，比如富士通、夏普等。2012年5月，锤子科技在中关村挂出了牌子，7月份，夏普就有人来推销液晶面板。刚开张，办公室里只有5个人的锤子科技公司“受宠若惊”，那时候还没有一个人是懂硬件的。

罗永浩问对方为什么会觉得锤子现在就会买液晶面板呢？对方也没觉得锤子能立刻就买，先过来建立联系交个朋友。之前因为没有重视小米，夏普中国被总部批评，如果开始不建立良好的联系，后面很难做。

但并不是每个厂商都会主动找上门来，而长期的供应链管理也需要懂行的人天天跑。一个小螺丝是 3 美分还是 5 美分，对初入行业的罗永浩来说“都挺便宜”，按照罗永浩的性格，他也不会磨磨唧唧讨价还价，但数十万的订购量累计下来，这样不计成本最终会成本失控。为此，钱晨找来了一位曾经在摩托罗拉做过十五年供应链业务的老搭档来主管供应链。

用了大概半年时间，供应链主管给罗永浩建立起概念了，不再是大大咧咧觉得一个元器件加个 2 美元也就 12 块人民币无所谓了，尽管往里加了，罗永浩现在听到元器件增加几毛钱人民币都会“耳朵竖起来”。

对于在供应链上控制成本，“不考虑这些，就没有利润率了。利润对我们始终都很重要，因为我们是要做品质的，做品质的话没有利润率就是恶性循环，有利润率就是良性循环。比如苹果，苹果因为有一个高昂利润率支撑，才能去开发所有厂商想都不敢想的事。”罗永浩说。而经过成本计算，锤子科技的手机定价在 3000 元，才能保证最后利润是可接受的。

“相声演员”

对于罗永浩来说，过于高调带来了营销和关注度，但也多多少少透支了他本真的一面。

去年A轮融资中，罗永浩拿着Rom最后获得了7000万元融资，其中紫辉创投投资4000万。郑刚也是陌陌的投资人，也是一个数码爱好者。正是唐岩作为罗永浩的好友以及天使投资人将锤子推荐给了郑刚。在紫辉领投之下，也有一些个人进行了跟投。

在郑刚的眼里，“老罗很原生态，而且说话幽默直戳痛处”。但在其他投资人眼里，罗永浩是“一块烫手的山芋”。他的成长背景和过往历史和风险投资人所熟悉的典型的技术和领袖型创业者完全不同。

常人认为的一个高科技企业的创始人至少得有技术性学位或者长期浸淫某“高大上”公司高层的管理经验，而老罗偏偏没有。“他的个人特点导致他说话和做事不是迎合资本的需求，大有你们不听我的就是傻帽的意味，一般投资人听了一定心里有大反弹。”郑刚说，“我虽然也会有嘀咕的时候，但是我判断就是这种具备现实扭曲力场的人才可能把东西按他所描绘的做出来。”

今年3月底，锤子科技完成了B轮1.8亿元的融资。在此之前，为了这轮融资，罗永浩安排了一个长达五十多天的密集时段，集中脱产来为企业找投资。

对于定价数千元一部的手机来说，量产需要更大规模的资金进入。回过头去看，当时锤子科技公司最高的单月支出是1.5亿人民币，这笔钱如果拿不出来，就要在开工在即之时砍产能或停产，影响极大。按照排产计划，罗永浩无论如何要把钱拿到。

锤子的股东给罗永浩介绍了一家金融顾问公司，在五十多天里，密集安排了四五十家风险投资商与罗永浩见面谈投资。有时一天不止一家，很多家也是谈到两到三轮。

“有的一谈不合适就一拍两散，有的一谈还挺投脾气，他说我们还有个老大在香港，下周过来聊一下，然后又谈第二个。第二个完了又说，有一个在新加坡也过来一起，或者视频电话会议聊一次，又约了个时间，结果第三轮谈崩了。多浪费时间，但你没办法。”罗永浩说，“大多数企业老板，自己是不做产品经理的，他的主要工作就是那个，对我来讲那个尽量让我少操心，都扑到产品上，但是公司又没人能替我融资。”

在罗永浩眼里，就像网上很多人也不看好他做手机一样，大部分投资人不懂他们。听不懂他所讲的人里，有些听不懂他的具体方案，但是能听懂他的商业逻辑。还有一类是既听不懂具体方案，对他的商业逻辑也完全不理解。

“我攻击性很强，我见到笨蛋会特别没耐心，有的时候，他在我讲一个半小时过程中问了三个问题，所有的问题不在点上，一听就知道。”罗永浩举了个见投资人的例子：“我先把设计重要性讲了三十分钟，这笨蛋拿起手机，他自己的一个三星手机，他是一个中年人，问边上那些助理，难道会有人因为外观设计满意而买一部手机吗?”罗永浩对对方解释，“统计表明普通公众买手机的时候，50%以上的理由是外观，然后才是软件这些东西。”对方听完觉得不可能，然后问边上他的几个助理会不会因为外观买一部手机。

罗永浩听了这话特别崩溃。“老大说话了，已经预设了立场，那几个助理敢说出来吗？他们听了尴尬地笑了笑。完了老头冲我一乐说，看到了吧，没有人会因为外观买手机。”碰到这样的情况，他就觉得没有必要往下谈了，这个时候就应该收场。但是很尴尬的是，约了两个小时，现在谈了十五分钟，又不能立即离场。

偏好做产品、对找投资并不热衷的罗永浩形容那五十多天是噩梦，“那种笨蛋占了一半”。比这些好一点的是听不懂他的方案，但是能听懂他的商业逻辑，对锤子有点兴趣的，再问一些问题。碰到这样的交流，罗永浩觉得，“这种人最后不投，我是很愉快的，我只跟智力正常的人做交流”。

在所有见面的投资人中，大概有20%对锤子科技的兴趣比较大，并且罗永浩觉得他们什么都能听懂，问的也都在点上，但是内部阻力占了绝大多数。有两三个合伙人机构，有合伙人看好，觉得必成，但是内部投票失败了，结果发现投资委员会五个人投票二比三失败了，最终也没有能投资成功。

对于罗永浩这个做手机的闯入者，有些投资人虽然听懂了他的想法，但还是对老罗的朋友表示过担忧和顾虑：“投了老罗这儿万一失败会沦为投资圈的笑柄，被同行说‘傻逼’相声演员做手机都投，你眼睛瞎了吧！”

所幸融资顺利到位，接下来手机量产出来，罗永浩觉得以后再融资就可以靠业绩说话了。如果对方问手机为什么会做成这样，罗永浩想，你就看业绩好了，又不做假账。

在发布会之后，一些原来并不看好锤子科技的投资方再度联系罗永浩。通过发布会以及网上传播的演讲视频，再加上观众和网民的反馈，他们改变了看法。

罗永浩觉得这很悲哀，因为他觉得在台上讲过的那些都曾经当面给投资方讲过，但对方“无动于衷，不是他有了判断，他们没有判断。他们也纳闷，关起门来也商量没觉得怎么着啊。他们都是这样的，有判断力的很少”。跟投资商见过一圈之后，罗永浩总结：“这些人其实看着风光，拿着大笔钱投来投去，骨子里都是职业经理人，他很在意职业生涯下一份工作好不好找，VC（风险投资）跟任何一个群体一样，大家说什么投资界聪明人扎堆，没有的事，也是80%的笨蛋，20%的精英，都一样。"

最终，锤子科技引入了几家新的投资方，而原来的老股东也跟投了。跟投资圈打交道，产品经理思维的罗永浩觉得，"这个圈子真的挺啰唆的，但这些完全不是我关心的，我只专注产品，我希望钱不用担心，所以后面的话，我们只要卖得好，这些都不是问题，但是我特疲劳。"

企业家老罗

当晚的发布会后，罗永浩看了自己的微博，他很关心舆论反响。他现场发布的那条为OpenSSL基金会捐款100万人民币的微博在三分钟内转发破万，到晚上睡觉前转发量达到3万多，第二天早上起来转发量达4万多。发布会结束后，很多同事都自发地组织庆功，而讲完整场的罗永浩感觉非常疲惫，回到酒店房间后看了下微博上的评价还比较满意，之后就"昏死"过去了。

睡了九个小时后起床，罗永浩觉得"一切都是完美的"。下午到了公司，发布会的余温让全公司员工的心情都很好。罗永浩把两层都巡视了一遍，跟所有人打了招呼。本来想给员工们继续打气，结果发现不用打气，员工们觉得这是开门红。

不同于其他厂商免费预约的方式，锤子科技采用了预付300元订购手机的措施。而在网上，一天内，锤子手机预订量就超过3万台，两天内就接近5万台，这样1500万左右现金入账，其中不乏全额付款订购的用户。锤子科技在 2014 年的目标是二三十万台的销量，而超过 50 万台就有很大一笔利润。

在没有试用体验硬件的情况下，消费者仅靠罗永浩的发布会介绍，或者基于对锤子科技去年推出的锤子 Rom 以及罗永浩个人的信任，购买锤子手机，能获得这样的成绩，罗永浩非常满意。相比去年的发布会，今年的准备和表现更好。而他的好友和天使投资人唐岩给他的表现打了 85 分。

做了锤子之后，很多社会公共话题，罗永浩就不参与了。按照过去他的性格，也许会毫不吝啬地表达意见，甚至与骂他的网友对骂，但是现在他的同事也会提醒他这样不好，得克制。“我特别讨厌网上跟人吵架，我要是手机销量能过一个点，比如说卖了 1000 万部之类的，我干脆就把微博关了，不说话了，我有钱打广告，在互联网上，我付费做营销推广，干吗一老板出来跟你们吵架交流，给听不懂的人反复讲没有必要。”

过去的罗永浩挺瞧不起企业家说责任感，他觉得“很装逼”，现在他发现有些事情经历后是自然而然的。周末员工过来加班，他们的另一半也跟着过来陪伴，当他发现一层中有五六对这样的，男的在编程，女朋友或者爱人在旁边看杂志陪着加班，那一瞬间罗永浩感觉到他对这群人有了责任。“还真不是装逼。而且我也不是说我有多敏感，或者多人文关怀才这样，自然就会出现。尤其是硬件团队成员，他们岁数人，孩子都有了。如果公司黄了，将使上百个家庭面临着冉就业的问题。”

发布会成功后，罗永浩只给全员发了一封打气的邮件。他的员工想找个会堂，三百多人凑一起，听老罗再吹一次牛，当成个内部福利。

但他觉得对外面吹牛行，对自己人他开不了口。

其实就在发布会前，他还感到“压力山大”，紧张万分。相比去年发布Rom的发布会演讲没有彩排，今年的演讲在当天下午进行了简单的彩排。回到房间，他不停地看PPT，直到开场前十五分钟，他的手脚全都是麻的。上台前，他在后台一个劲地做深呼吸，还有伸展运动、各种俯仰动作等缓解紧张压力。到了时间刚要上去，国家会议中心的工作人员告诉他要晚十分钟上去，罗永浩觉得像是缓刑了十分钟。他让自己的人赶紧跑到休息室，把笔记本电脑拿过来，趁着这十分钟再准备两句。

令他意外的是，上了台，听众格外激动，前面一两百人纷纷站了起来，对他鼓掌致敬。罗永浩说：“这些铁杆也不容易，这两年他们挺我，其实心里也艰辛，他们身边的人都在骂我，他们的同事就说：‘锤子是什么手机，老罗不就大忽悠吗?’所以挺我的人也很难。”当时他的妻子也坐在台下，愣了一下，也跟着站了起来。因为都站起来了，她一个人坐着也会很奇怪。这仿佛是一群有共同理念的人在庆祝他们理念之下成果的诞生。

刚讲了三句，出于“职业演讲家”的自信，罗永浩就觉得不用担心了，基本上妥了。因为准备时间比去年多，再加上开场的放松，可以一气呵成。罗永浩在台上隐约觉得：这事成了。

(2014年第11期)

第三篇　突破

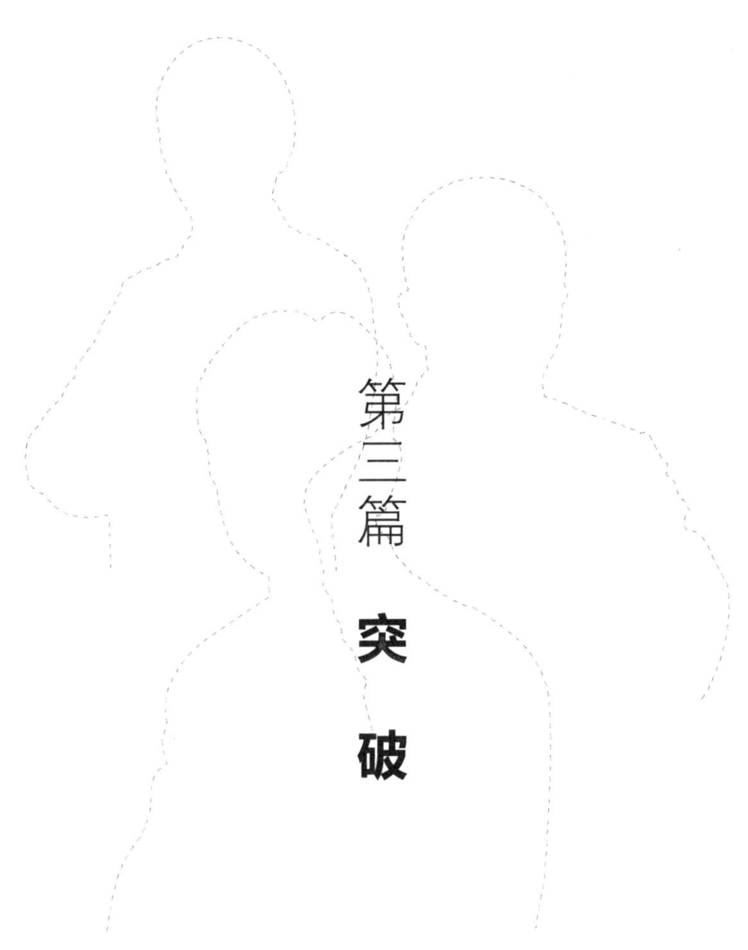

卫哲：寻找风口的猪

他的投资风格和他的性格一样谨慎，"好为人师"——曾经的明星 CEO、悲情高管，正努力变成聪明的投资人。

文_**卢华磊** 编辑_**唐晓园**

卫哲浦东的办公室里摆放了两件和教师身份相关的物品，一件是上海大学悉尼工商学院赠送的瓷质教师铭牌，上面印制了卫哲的肖像和签名；另一件是封装在玻璃器皿中的纸币，这是卫哲为母校上海外国语大学授课而领取的"象征性年薪"——人民币 1 元。

卫哲对《财经天下》周刊说他想成为一个老师，"总结自己的经历，甚至是错误，去帮助别的企业成功。"他说之所以最终选择成为一个投资人，是因为"要真正地影响别人，最好的方式还是你带着钱投资他"。

2011 年 4 月，卫哲组建了名为嘉御的私募基金，将德同资本的前合伙人朱大铭拉来一起创业。现在，嘉御基金（以下简称嘉御）的 6 名合伙人分别来自于世界500强和投资公司，其中有3位出身阿里。

这家基金公司一直在交出漂亮的成绩单——一期投资了12个项目，其中4个已经退出，包括500彩票网、PPS（全称PPStream，是全球第一家集P2P直播点播于一身的网络电视软件）和91助手，前者于2013年底赴美上市，后两家则被百度重金收购，都给嘉御带来了不错的收益。嘉御基金的二期募资在四个月中有超过12亿美元的资本愿意交给他们打理，而最初的募资计划只有5亿美元。

“我可以很负责任地说在2010年以后组建的基金中，我们是全亚洲第一名。”卫哲说。

“我们投的企业绝对是行业第一位，至少也是规模大幅领先的行业内第二名。在我们的第一期投资中即便是互联网公司都必须保证现金流为正，二期我们也只是将此标准拓宽为用户数绝对第一，并且看到有商业化的前景我们才投资。”他这样总结自己的投资标准。

高的投资标准为嘉御遴选出优秀企业，但同时也为“投资新兵”卫哲提出了一个难题：业内第一、现金流为正的企业并不缺少投资人的追捧，甚至一些公司本身就不缺钱，企业主为什么接受他的投资？

雷锋

“我将嘉御基金比喻为收红包的雷锋。”卫哲对《财经天下》周刊说。

这一说法源于嘉御个性化的投资模式，在投资前，嘉御会提前为被投资企业提供免费的咨询服务，帮助企业突破天花板或者开辟新的业务渠道。在这之后，他们才会要求投资入股。“我们的投资机会都是自己创造出来的，我们一期投资的 12 家企业中有 8 家都是不缺钱的公司。”

“你可以将我们看作是贝恩咨询和贝恩投资的联合体。”卫哲说嘉御基金的这种模式在国内还是首创。一些企业看到嘉御能带来的帮助和收益，才接受嘉御的投资，甚至还会在估值上给嘉御一定的“价格优惠”。

关勇就是被该模式吸引的企业主。2012 年 9 月，关勇成立了易点时空网络有限公司，主打“汽车垂直类 APP”设计。两个月后他们推出了违章查询软件“车轮查违章”(后简称车轮)，一年后该软件的安装量达 8000 万次，成为违章查询软件中排名第一的 APP。

按照关勇的计划，从“车轮查违章”这样的工具类软件入手，他还可以逐步推出“车轮汽车社区”和“车轮服务平台”，他认为集合了工具、社交、服务三个平台于一身的“车轮系的前途不可估量。”

2014 年 4 月，关勇偶然认识了嘉御基金的工作人员，“聊了创业方向之后，他们就表现得很有兴趣”。两个月后，关勇出现在卫哲的办公室中。关勇说这两个月内嘉御基金的合伙人和投资经理到他们公司面谈，“对车轮表现出极大的投资意向”。

但关勇和他的“车轮系”当时并不缺钱，没必要接受嘉御基金的投资，在 2014 年 1 月他们刚经历了 A 轮融资，照他们的计划，B 轮融资的时间应该是 2014 年底。

“最终我们单独为嘉御开了 A+轮的融资，并且给了他们一个优惠价。”关勇说，给嘉御这样的机会，是因为觉得嘉御能在很多地方帮到自己。

帮助体现在很多方面，小到卫哲通过人脉帮他们对接了合作企业——嘉御曾帮关勇介绍中石化的高层来对接业务，大到影响车轮的创业方向。在车轮还没有和嘉御签订合作协议的时候，卫哲就为车轮量身订制了一个新项目。让“车轮”从工具类 APP 逐步的延伸到“个性化车险 APP”。

直到今天，关勇仍然认为这是一个“大胆且非常聪明的尝试”。“个性化车险 APP”主要是为用户提供自由购买车险的服务——车主可以通过该 APP 选择购买车险的时长。传统的车险以“年”为单位来购买，而在该 APP 中，车主购买车险的时长可以精确到“日”。假如车主当天需要用车，那么他就打开 APP 购买当天的车险。

关勇马上明白这将是一个千亿级，甚至万亿级的市场。“中国有这么多车主，而这个软件又解决了很多人的痛点，给大家节省更多车险费用，最重要的是当时市场上还没有类似的产品，嘉御又能帮我们对接保险公司……以这样的先发优势抢占市场，快速扩张成一个横跨车市和保险市场的 APP，那前景太诱人。”回忆起这个计划，关勇难掩兴奋。在嘉御的联络下，关勇和保险公司碰面洽谈。

但最终这个项目夭折了，夭折的原因不在卫哲，也不在保险公司，而在于关勇的团队。关勇发现一旦启动“每日车险”的项目，那么他们的精力将完全转移到新事业上来，此前计划的“车轮社区”和“车轮服务平台”将无法继续。“我们权衡再三还是决定放弃这个项目，虽然我们都知道‘它’很诱人。”

关勇觉得做放弃的决定并不难，难点在于怎么去和卫哲解释这个事儿，“需要委婉的表达，让他不会觉得自己的好意被辜负”。

出乎关勇的意外，卫哲对此表现得相当豁达。“他很无所谓，表示自己只是一个建议者，完全尊重我们的意见，最终决定权完全在我们自己。”这给关勇留下了极为深刻的印象，也增加了双方合作的可能性。

“那时候我们还没有正式合作，卫哲就这样积极地帮助我们，为我们站台，在各种场合帮我们推介，很让人感动。”关勇形容嘉御基金是那种“帮忙却不添乱的投资者”，并称遇上这样的投资人让他觉得“荣幸”。

卫哲的劳动没有白白付出，2014 年 6 月份，关勇和嘉御签订了合作协议，“在 A 轮价格上又给嘉御打了折扣”。六个月后，车轮成功举办了 B 轮融资，在这一轮嘉御跟投，但他们此前持有的股份价值已经翻了 4 倍。

现在嘉御是除了创始人之外持有车轮股份最多的投资人。关勇对这个结构感到满意，他将此比喻为“两条腿奔跑的时候身后多了一个可以保持平衡的尾巴”。他形容卫哲则是“他是我见过的最聪明的人，不是那种灵光一现的小聪明，是有非常密集的各种新奇的想法”。

向《财经天下》周刊表达类似评语的还有如家酒店集团总裁孙坚——卫哲在百安居时的前同事。

孙坚和卫哲同在 2000 年入职百安居，两人都是副总，孙负责市场，卫负责财务。两年后 CFO（首席财务官）卫哲升职成为百安居中国 CEO，两人的关系由平级转为上下级，也正是这次升迁让 32 岁的卫哲成为世界 500 强中最年轻的中国总裁，他的名字第一次被公众知晓。

对于这个结果孙坚表示毫无嫉妒，“我承认他的能力比我强，我服他”。他告诉我们如果想考验一个人能力的高低，就让他去总结一场会议，“会议总结者往往需要丰富的知识储备、快速的反应能力、非常强的逻辑思维能力，能在极短的时间内抓住许多问题的关键点，能做到这一步的人并不多，卫哲就是其中之一。”孙坚说卫哲当年的会议总结都“剖析到位、主线明确并且非常精炼”。

现在，当年的明星CEO将他的才能运用到新的投资事业中，用“收红包的雷锋”方式解决优秀企业不接受投资的难题。

“中国很早就告别了资本短缺时代，特别是过去的五年，优秀企业是不差钱的，他们缺什么？他们缺乏能帮助他们运营的团队，假如投资人只能给钱，那么企业主一定会追求更高的利益，将企业的估值做高，而如果我们能给企业带来金钱以外的帮助，那么他们不但愿意接受我们投资，还很有可能给我们一个更低的估值价格。”卫哲说。他已经将嘉御基金定位为一个“运营驱动基金，而非财务驱动基金”。

不作为

2015年3月的最后一个周末，卫哲以嘉宾身份出现在上海诺亚财富财智湾区论坛现场。在回答主持人提出的“当前投资人面临何种挑战”的问题时，他毫不犹豫地为当前火热的“互联网＋”概念泼了一盆冷水。

“我认为当前在互联网或者‘互联网＋’行业中存在巨大的估值泡沫，我们宁可被董事指责不作为，也不能贸然地跳进这个泡沫中去冒险。与此相反我认为投资人应该多去寻找一些与‘互联网－’相关的公司。我们现在高度关注那些需要去库存，去产能的垂直行业，在这个时刻一定会有类似于‘唯品会’的公司再次崛起，没有谁比互联网公司去库存、去产能的效率更高。这种公司的出现对于这个行业来说是一个减法，但对于公司和投资者而言是一个加法。”这段发言引来台下的一片掌声。

在嘉御的投资过程中，卫哲除了以“主动创造投资机会”方式来获取收益外，也会用简单的加减法来规避风险，像“收红包的雷锋”一样，他也为这种规避风险的方法起了个优雅的名字——“积极的不作为”。

“积极的不作为不是说让团队去休假游玩，而是认真地对待市场上的每一个项目，也认真地帮助每一家企业，但在投资方面我们会异常谨慎。”

卫哲告诉《财经天下》周刊，当前嘉御基金的投资方向仅有四个行业——互联网、电子商务、可通过电子商务提升的消费零售和可被IT和互联网电子商务改造的B2B（商对商）服务。

但在嘉御一期投资的12个项目，没有一家是电商公司。“大家都认为阿里系出来的一定会投电商，但我们一期投资中一个电商公司都没有碰。”

那时正值凡客赴美上市的前夜，凡客估值高达30亿美金，陈年意气风发对媒体喊出“收购LV”的口号；同一时间，地处南粤定位为“全球女性时尚网购平台”的梦芭莎也拿到了第三轮6000万的融资。

事后证明，这两家公司都未能如愿登陆资本市场。相反，高速扩张为这两家公司带来了噩梦，凡客花了两年时间来清理库存；梦芭莎则在2014年8月以2000万美元的价格卖给了美国衣路集团。

“当时如日中天的B2C（商对客）电商，现在都没了，我们也成功地让这波泡沫离我们而去。”卫哲说。

事实上，嘉御一期投资的项目集中在无线互联网（91无线）、影音视频（PPS），甚至是传统行业（金夫人婚纱）。91无线在2013年卖出了中国互联网最高的并购价格，“百度当时不收购，我们也会自己上市，91无线已经做好了上市的所有准备”。

91无线是卫哲投资的另一个“非常不缺钱”的公司，“账上趴着15亿人民币”。但2012年12月，嘉御基金帮91无线找到提升的关键点，创造出第一轮投资机会。之后又通过李泽楷的帮助，为91无线制定了“拓展东南亚计划”，这一计划让嘉御再一次成功注资91无线。四个月之后，百度以18.5亿美元的天价收购了91无线。至此，这两笔“火线抢入”的资金为嘉御带来了惊人收益。

“市场好的时候，是我们卖公司最好的时候，我们的4个退出项目全是互联网公司，91无线，PPS，500彩票网（原名500万彩票网），好耶!”卫哲说。

现在，当众多投资者都在追捧移动互联网公司的时候卫哲反而开始布局B2C电商，“大浪淘沙之后，依旧能浮出水面的公司我们就可以投”。他在互联网行业里践行着最古老的“人弃我取，人取我予”的经商格言。

采访中卫哲几次谈到“价值观”，“开放、透明、分享、责任是嘉御基金坚持的四大价值观。”

事实上，这耳熟能详的4个词语同样是阿里坚持的商业理念。

四年前，卫哲在阿里巴巴遭遇了职场“意外”。2011年，阿里巴巴B2B公司发现其平台上有欺诈现象，经过自查后认定B2B平台内1107名“中国供应商”涉嫌欺诈，阿里宣布同他们终止服务，并宣布时任该公司CEO的卫哲为此事引咎辞职。媒体用《马云“杀”卫哲》的标题来形容事件的突然和惨烈。

五年后，坐在这间可以鸟瞰整个上海世纪公园的办公室里，卫哲否认了这个说法。

“恰恰相反，我认为我在阿里的辞职行为是我人生中最闪光的时刻。我一辈子能有机会站出来对一件事情承担责任，总比当缩头乌龟被别人指着鼻子骂要好吧!”他认为辞职事件中压力最大的人是马云而不是自己。

但离开阿里后，卫哲在商业上显得更加谨慎。这从嘉御的官方网站上就可以看出痕迹——嘉御将“价值观和文化”写入公司简介之中。“开放、透明、分享、责任”是嘉御的价值观。现在，这种深谈“价值观”的举措在投资公司中很少见到，甚至马云担任创始人的“嫡亲的投资基金”——云峰基金也未曾如此“上纲上线”。

“我肯定相信这 4 句话，相信阿里巴巴的价值观体系和文化体系，不相信我干吗要拿来用？我要讨好谁？我不需要讨好任何人。”卫哲说。

他承认自己在阿里犯了“放松价值观督导”的错误，所以他要在嘉御基金的管理中“补回来”。“我对我们公司的价值观甚至是投资公司的价值观都非常看中，甚至因为这样的原因我还会拒绝投资某些企业。”卫哲总结。他说在阿里的经历重塑了他，“这是一个长脑子的地方”。

谈移动互联投资标准

卫哲： 我们判断一个移动互联网项目依照两个标准：一是该项目是否基于移动互联网产生了新的寻求；二是是否释放或者优化了限制资源的配置。比如美图秀秀解决了通过手机摄像头拍摄后，立即对照片进行美化的需求。此前这类需求需要通过相机、电脑、专业制图软件等一系列工具方能实现，这对于用户而言过于繁琐，对专业技能要求过高，因此这种需求在PC时代无法满足，这就是美图秀秀能成功的原因。因此对移动互联项目，我们将通过上面两点来判断其是否为用户创造了新的价值。

谈O2O投资标准

卫哲： 现在市场上大多数所谓O2O线上到线下商业模式只是停留在概念层面，真正的O2O必须解决两个问题：对外，提升消费者的用户体验为其创造新的价值；对内，改善企业内部的经营效率，让企业自身产生价值。

谈马云

卫哲： 马云是挺简单的一个人。很多人说马云长得像外星人，E.T（电影《E.T.》中的外星造访者E.T.），我觉得这个说法还确实有几分道理，马云能有今天的成绩就因为E、T这两个字母。E是English。英语使马云有直接参与国际交往的能力。在中国，他这个年纪的绝大部分企业家是不具备这个能力的，这个能力非常重要，否则你全球沟通的水平是由你翻译的水平决定的。因为他会英语，他的全球化事业打开。T是Teacher。老师是一个很高尚的行业，是一个希望学生比他好的行业，所以马云在公司内部，放权之大，远远超过所有人的想象。今天凡是阿里巴巴做出的如日中天的项目，都是自下而上推行的。"双十一"就是淘宝的几个小孩子在11月11号没事儿干，配合互联网的娱乐精神推出的活动。阿里巴巴能够有这么好的创新，就是因为放权，因为实行这种自下而上的贴近客户的创新模式。

当然阿里也会犯一些错误，也会由中高层在会议室里决定一些事，然后自上而下地推广，但事实证明这样的推广大都是失败的。所以阿里也在反思，为什么凡是阿里做成功的项目都源于草根。这也是为什么阿里会有腐败，权力下放才会有腐败。任何事物都有两面。

（2015年第10期）

和周鸿祎的两次谈话：枪、手机、偶尔有困惑

中国互联网世界最知名的“反抗者”，如今自己也变成了一名“成功者”。在同周鸿祎的长谈中，这位已经成了大亨的中国互联网界最知名的斗士，向我们展示了他的困惑，他对互联网的看法，以及他对很多问题的重新思考——当然，也谈及他为何重新返回手机行业。

文_**李翔**　编辑_**张厚**

领地

大多数公司的办公室都值得一逛。按照某种不知道是否科学的理论，我们可以从其办公室的布置，来揣测每一个在其个人小王国内呼风唤雨的商业大亨的个性。

京东商城——一个资产沉重得不像互联网公司的互联网公司的办公室分布在北京亚运村一座办公楼内的数层楼中，每一层的入口处都站着一位穿着黑西服的人高马大的保安。小米在清河街的办公室有个

干净明亮的前台，一侧墙上的大屏幕里循环播放着小米的广告；而小米网办公室的旁边就是个小米专卖店；再加上无处不在的米兔形象——一家擅长推销自己的新锐消费电子公司。搜狐搬到融科中心之后，在办公楼的下沉空间设置了大量的公共区域，包括咖啡馆和餐厅——就像创始人张朝阳一样时尚休闲。阿里巴巴的西溪园区由日本建筑师偎研吾担任主设计——马云不止一次地讲过自己对日本文化的喜爱。巨人网络的办公区由普利茨克建筑奖得主汤姆·梅恩主持设计——的确漂亮，而且造价高昂，史玉柱自己说仅设计费就 1100 万美元……每个记者都可以将这个名单无限制地罗列下去，并且讲出一些让人印象深刻的细节或者轶事。

奇虎 360 的办公室远离北京的科技互联网中心中关村。这家全球第二大的互联网安全公司将自己的总部放在了遍布画廊和艺术家工作室的 798 艺术区旁。它的创办者周鸿祎在年少时曾经想过要成为一名画家，有时他也会问他的同事："你不觉得我像一个艺术家吗?"（不过他也会问："你不觉得我像一个'90 后'吗?"）

从地理位置上来看，你可以说这也有些像 360 在中国互联网世界中的位置。人们数得出它的对手，但却不知道它的朋友是谁。它似乎独立于盘根错节的中国互联网世界。19 世纪的欧洲王室通过联姻的方式结成错综复杂的同盟，而在互联网世界里金钱就是巨头们的血液。他们通过投资来结成"姻亲"，编织自己的利益链条，或者说生态系统。周鸿祎不止一次地引用过毛泽东的这句话——"谁是我们的朋友，谁是我们的敌人，这是革命的首要问题。"当这个问题被用来问他自己时，周鸿祎的回答是："我觉得除了百度和腾讯，以及他们的打手，都是我们的朋友……"

穿过悬挂着“为人民服务”标语的大堂（“为人民服务”这五个字可能是中国最早的“拜用户教”口号），搭乘电梯到15层，右转，走过一道门禁，就进入到周鸿祎的办公区。他办公室外的右手处，是一个舒适的阳光房。阳光房可以通向外面的露台，他的同事们有时会到露台上抽烟。经过助理们的工作区，就可以直接进入周鸿祎的办公室。一进门正对着你的就是他的办公桌。

办公桌后面，两扇窗户之间的墙壁上，悬挂着切·格瓦拉那副著名的画像。只要在办公室，周鸿祎每天都要在他的注视下工作。这位著名的理想主义革命者的画像被普遍视为周鸿祎的“图腾”，而他本人在中国互联网世界中，也被视为一名“叛军领袖”。不过，在办公桌的另一侧放着的则是一尊观音像。宽大的办公桌上，除了一部联想一体机，还摆放着宣纸、墨汁和几支毛笔。周鸿祎爱听音乐，他那套豪华音响曾经是关于他的报道中的常客。桌子上也放着一些CD唱片，不过，搭配同样让人匪夷所思：万能青年旅店和邓丽君。

进门左手贴着墙是一排书架。书架上摆满了图书、黑胶唱片、各种奖杯和纪念品，比如一个钢铁侠限量版面罩。这些书未必是主人自己摆放的，但一定是经过了他的选择。下面是一些例子。《硅谷热》——在谈到对自己影响巨大的书籍时，周鸿祎不止一次提到这本早年出版的讲述硅谷的书；特劳特的《定位》系列书——同样进入了他的推荐书单；彼得·德鲁克的全套书、亚马逊的公司传记《一网打尽》、杰克·韦尔奇的自传和其他管理类书籍——一个好学的管理者的正常书目；有《战争论》和《武经七书》——哦，考虑到办公室的主人也曾经被人称为“战争之王”，这也可以理解；有安·兰德的《阿特拉斯耸耸肩》，《禅与摩托车维修艺术》——开始有一点点文艺；有

《议程设置》和包括《理解媒介》在内的麦克卢汉的两本书——一个传播学专业学生的必读书，但我从未看完过；接下来再次进入正常，包括《金刚经》在内的谈论佛与禅的图书。

读书和听音乐都包括在他的最大爱好中。他说，他衡量富裕的三个标准是：买书时可以不用看价钱，可以用上好的音响，以及吃点好的。但是，管理一家公司所带来的忙碌正在吞噬着他这三个需求。

办公室的另一侧是一组沙发。这是他的会客区。沙发旁还摆着支架式夹纸书写板，这表明他甚至还会在这里开小规模的会议。沙发前的茶几上堆满了打印出来的文件、一沓沓杂志、水杯、巧克力球、360的产品（如儿童安全手表和路由器）——正谈着话，他会提出让你看看这款新的路由器，它拥有如苹果产品一般漂亮光洁的外形。“设计是谁做的?”“哦，我们借鉴了苹果的产品”；也会指出儿童安全手表的外包装设计有什么地方让他不满：“我老骂他们这个儿童手表的外包装，做得花里胡哨是很好看，但是，你应该在外包装上做上手表的几个最重要功能吧?!”他称这样的细节会让自己“抓狂”。但这样说时他忘记了自己刚刚讲过的话，“他们已经跟我说了好多次，让我不要在接受采访时公开批评同事和自己的产品”。

我们的谈话就在他的这块个人领地中进行。

当然，他可能更愿意将“安全”视为自己的领地。在2009年的10月，周鸿祎手持“免费”这把利剑冲入原本由几家杀毒厂商统治的互联网杀毒领域，最终成为市场份额最大的互联网安全服务提供商。“我就专心把安全做好，我觉得这已经挺好了。安全是一个人的基本需求。”周鸿祎说。

2007年1月9日，史蒂夫·乔布斯将“苹果电脑公司”中的“电脑”二字拿掉。看到当天发布的 iPhone 时，人们已经明白了苹果的雄心。而周鸿祎的雄心在于，他可以将“安全”的外延无限扩大，他创办的公司 360 可以从互联网安全扩展到移动互联网安全，当然也可以继续扩展到智能硬件安全、企业网络安全甚至国家网络安全。“安全本身是一个足够大的概念。”他说。

枪与战

第一次见面时，前一天他刚从美国回来，正在艰难地倒时差。原定在下午 3 点的谈话被推迟了一个小时。在一次会议之后，他临时决定要休息一下，然后在办公室内迎接我，他客气地表示之前见过我，并仍留有印象。

摄像师们在他的办公室内晃来晃去，先是布置灯光和架起机器，为了其中一个机位还必须将沙发前的茶几移开。茶几和地板摩擦出“刺啦啦”的声音，他一边和我说话一边皱起眉头表示不悦。接下来所有这些动作要再来一次——因为在他表示完抗议之后，他的同事开始明确地对摄影团队表示不要再继续拍摄。

我担心这会影响他的情绪，但是他却继续讲着自己的美国之行。作为中国互联网企业级的代表，他到华盛顿参加了中美互联网论坛，随后在硅谷同国家互联网信息办公室主任鲁炜一起访问了包括 Facebook（脸书）和苹果在内的互联网巨头。在这两个行程之间，是他自己的一次肆意行动。在中美互联网论坛上发表了“IOT（物体组成的英特网）时代用户信息安全三原则”的演讲之后，晚上他和一起来参加这个论坛的互联网圈内人一起喝酒到将近凌晨两点。但是他仍然坚决地定了一张从华盛顿飞往旧金山的机票。

在睡了两个小时之后，他在凌晨4点起床，去赶早班飞机，飞行六个小时到旧金山。“去见一个网友。”周鸿祎开玩笑说。

“我打枪是自学成才。没有人教我，我就不断地靠自己悟，靠子弹喂。但是靠子弹喂，它不能永远提升，还是要找人点拨。于是我在网上搜（他没有说自己用的是什么搜索引擎），后来找到一个军事网站叫铁血网。一个华人，在美国待了很多年，比我年纪大一些，经常在那里发表有关射击的文章。我在网上就这样跟他认识了。他在美国，有条件买很多枪，他也练了很多年的枪。

“他一听我要过去挺高兴的。他租了一个靶场，我出了机场直接奔过去。那天还下着雨。我们在雨里打了将近1000发子弹，等于练了一天枪。”周鸿祎说着伸出手来给我看：“指头都打出了一个茧子。”

他对枪和射击的热爱也不是秘密。周鸿祎此前在四惠东的办公室里，墙壁上还挂着他在香港打靶的几张靶纸。在一次采访中，他解释说这并不是要表明自己尚武好斗，而是展示自己“心如止水”——射击时更需要冷静。就像他在解释打真人CS（《反恐精英》）游戏时说：“一兴奋，肾上腺分泌增多，手一哆嗦，肯定就偏了。”

周鸿祎的私人爱好也延伸到了产品上。之前，360做过的一款特供机名叫AK47。2014年的平安夜，在宣布和酷派合作造手机之后，周鸿祎发出一封公开信，这封信的名字就叫做《带上AK47，跟我到南方做手机》。有人给这封信配了张图，也是周鸿祎抱着一把冲锋枪的照片。在这封信里，他鼓励那些不甘现状的同事们跟着他一起去南方做手机，加入这项激动人心的新事业。

同样著名的是，在北京郊区怀柔的一块山地，他建了一个名叫“360特种兵训练基地”的真人CS游戏基地。他喜欢邀请团队和外面的朋友到这里来玩真人 CS。创新工场的人说，周鸿祎曾再三邀请李开复带领创新工场的团队去怀柔玩真人 CS。最后开复觉得既然老周盛情邀请，始终不去也说不过去。于是文质彬彬的开复和他刚刚开始创业的团队就接受了周鸿祎的邀请。结果自然不出意外，没有经验的创新工场团队被 360 的团队在真人 CS 中完全压倒。

这一天是中秋节。在玩完一场真人 CS，到附近的农家院吃饭时，周鸿祎接到公司同事的报告说，腾讯开始直接向用户电脑安装 QQ 电脑管家。他当场给马化腾打了一个电话，两个人在电话里吵了起来。马化腾表示并不知道这件事情，而周鸿祎则认为这种策略必然得到了马化腾的首肯。一个多月之后，奇虎 360 在马化腾生日当天，推出了威胁到腾讯 QQ 商业模式和庞大用户基数的“扣扣保镖”。这就是后来证明对中国互联网产生了深远影响的“3Q 大战”。

这场“战争”的亲历者透露说，在马化腾生日当天推出这款产品，这是事实，但并非有意为之。换句话说，这不是一次有预谋的袭击。“推出之前的晚上还在讨论要不要推出，最后半夜决定第二天上线。上线之后第二天下午，才从微博上得知那天是马化腾的生日。”

周鸿祎是军事爱好者，中国商人中另一个知名的军事爱好者是史玉柱。不同的是，号称自己“胆小如鼠”的史玉柱推崇的是林彪，他曾经在一次采访中大谈林彪的战绩。相比之下，周鸿祎推崇的是粟裕。

周鸿祎说:“中国几个将领里边，比较能打大仗的，其实就是一个林彪，一个粟裕。应该说这些将领都很了不起，很难说我在刻意学习谁。但如果谈到特点上，我觉得可能有点像粟裕吧。因为林彪是不打无准备之仗的。林彪不太打险战，他很少险中求胜。他一般得要有十足的把握。然而粟裕就不一样，因为当初苏北解放军在新四军时期，在当地老是处在被围困的状态，所以经常就是险中求胜。所以粟裕打仗是有三四分的把握就会打，林彪没有六七分的把握是不打的。曾经有一个人说，林彪研究过粟裕的战例，研究完了之后就说‘他跟我不一样’。”虽然中国人常说，商场如战场，而“成功者”一般也都拥有一个庞大的自我，但周鸿祎倒是很清楚：“我觉得我们这点东西跟他们比起来还是不一样，所以拿他们来做比喻我觉得不是很恰当。”

“3Q大战”就是一场险战。在这场大战之前，除了与腾讯体量相当，并且在自己的领域亦拥有他人无法撼动的地位及优势的百度和阿里巴巴，没有人敢想象，还有一家中国的互联网公司敢于挡在腾讯前进的路上，而不担心被这个巨无霸碾碎——当时在科技媒体圈流传的一个段子是，每一个风险投资人在听完创业者雄心勃勃的阐述之后，都会问一个问题：“如果腾讯开始‘做’你怎么办?”直到后来，在复盘这场“战争”时，还有人问马化腾，为什么当初不索性再咬一咬牙，将360彻底干掉。目击者回忆，马化腾只是摇了摇头说，事情不是你想的那样。

周鸿祎说：“外界对我的误解，我自己解读，是把我想得太精明了吧，把我想得太工于心计了。有很多人觉得我走到这一步，每一步都是经过精准的策划和精妙的计算，连3Q大战都是我策划的。我要解释一下，我管得了我自己，哪管得了马化腾的行为和决策呢?”按照回忆，他当时只是想捅一下腾讯这个天花板，这个大胆的想法让第一次听到的同事心情沉重。

“外界也觉得我好像特别喜欢打仗，经常以打仗为目的，挑起各种纷争。我个人觉得这也是个误解。我不否认我喜欢挺身而出，也崇拜英雄，喜欢看各种战斗电影，但是，我并不是一个好战分子。”挑起了或者说参与了中国互联网界最知名的几场战争的周鸿祎说。

当时大家都认为在大战之后上市的奇虎360，因被资本市场认为是中国最大互联网公司之一腾讯的挑战者，而成为3Q大战的最大受益者。不过，今天回过头来看，腾讯才是这场战争的最大受益者。3Q大战打醒了腾讯。“我成了《反脆弱》里的一个例子，我去挑战了，我给了他们一个刺激，这个刺激不足以消灭他们，反而是让他们产生了更强大的内部基因。”周鸿祎引用尼古拉斯·塔勒布的理论说。

这场“战争”改变了腾讯，“在3Q大战之前，其实腾讯已经进入了一种有点没落的暮气沉沉的状态。但是3Q大战刺激、激发了它内部的创新。其实如果没有这种刺激，它慢慢走上官僚化之后，像张小龙这种创新，在内部可能就被扼杀掉了，包括马化腾也借机调整腾讯架构。它让腾讯重新有了危机感。

“3Q大战之前，我跟李学凌聊了聊，我俩就感慨地说，我们所有的公司都会感到腾讯像一个死亡的阴影一样，徘徊在头上。那之后我给马化腾发短信，我说你何必一定要对大家赶尽杀绝呢？这会让所有人都成为你的敌人。你已经是伟大的企业家了，对我们这种人，还是留一点饭吃。我说你完全可以投资大家，你就变成革命领袖了，无论谁多牛气，都是您投资的。后来马化腾曾经拿我的短信说事儿，说是我找他要投资未遂，所以悍然发动‘3Q大战’。

“我指给了他一个理念。但是没想到，马化腾真的实现了这个理念，真的到处去投资，投资京东、投资大众点评。当他真的这么做的时候，你发现他真的变得特别强大。马化腾做了很多改变。他愿意放弃很多业务，愿意更开放。通过投资而不是征战的方式，他把这个帝国做得更大了。他实现了一个更高层次的帝国，也是更高层次的垄断。”

“3Q 大战”之后，360 再做搜索，同百度发生“3B 大战”，以及做移动安全，同小米发生“小 3 大战”。在当时都是无数报道和口水横飞。360 一度市值超过百亿美元，成为中国最大的互联网公司之一。我们可以将周鸿祎和他的公司视作这些“战争”的获益者。不过，这些战争无一例外也都让它的对手变得更强。

“当时大家为什么认为百度最危险，因为百度已经变成了一个大官僚机构。它的最大竞争对手被赶出去了，它没有对手，垄断了市场，没有再做创新的产品。你是否还记得李彦宏有一年在百度大会上，非常自满地告诉大家，做无线互联网，犹如雨夜开快车。但是我们做搜索，抢占百度的市场份额，反而惊醒了百度，它开始讲狼性文化。百度也获得了一种活力。

“百度跟腾讯获得活力之后，他们在投资上开始非常激进，包括他俩还梦想要抢电商，从某种角度来说，也刺激了马云。马云都准备退休了，我相信他是真心想要退休。马云当年就讲，我最多干到 50 岁，然后去教书。马云底下的团队培养得也不错。但是一个微信红包，一下子就把马云打醒了。虽然今天看微信也没有那么……但你不觉得马云也在变吗？马上就退休了，但还是回到公司备战，然后整个阿里动起来了。

“这不是我们有意造成的，但是我们无意中造成了这种结果。其实中国这几个巨头到今天他们也不见得很有安全感。马化腾也没有安全感，对吧？”

抛开周鸿祎的观点，还有一种分析说，马云应该感谢周鸿祎，因为周鸿祎以一己之力，吸引了腾讯和百度的注意，这让阿里巴巴可以在一段时间内没有或者减少了来自另外两个巨头的压力。

此前互联网圈内曾有过“三大三小”之说，是形容中国互联网公司的一线阵营。三大毫无疑问是指百度、腾讯和阿里巴巴，三小则是京东、小米和360。姑且不论准确与否——市值在百亿美元之上的互联网公司还包括唯品会和网易，至少表明360一度被视为巨头替补。周鸿祎说：“我也曾自问，虽然我跟腾讯、百度发生过遭遇战，但想想这些战争都不是我主动挑起的，而是被迫。别人可能觉得我成长比较快，就引发了巨头来修理我，我进行了这种自卫。但是，大家就不自觉地把我跟巨头放在一个量级上看。”

问题来了，周鸿祎是否和很多雄心勃勃的互联网企业家一样，内心藏着一个巨头的梦想呢？

他马上否认了，“这是误解”。单凭战争并不能造就一个巨头，这些批评他的观点也是他的观点。唯一的不同是，周鸿祎自己并没有想要成为一个巨头。至少他在此刻是这么说的。他并不像他的朋友和对手雷军，后者之所以离开金山，之所以没有去做他已经非常成功的投资，而是选择重新开始创业，是因为他实在太想做一家有巨头般影响力的公司。周鸿祎说：“我的梦想不是成为巨头，而是做出用户认可的产品。我现在越来越领悟到，做巨头，不是光说你的产品能力要好。就好像一个很会打仗的将军，未必能够当皇帝，对吧？一定是政治家能够当皇帝。所以你看在中国能做巨头的大企业家都是懂政治的——这个懂政治不是贬义。从根本上讲，我觉得同他们相比，我还是过于没有城府，还是过于简单直白的一个人。有很多人看我，就觉得我还是一个做产品的人。

“第二，做巨头是需要运气的。很多人成功是因为他在恰当的时间做了恰当的事，但未必是像他自己总结的那样，完全是一种非常主观的驱动。那么说的人说的都是成功学。但实际上都是不真实的，都是为了神化和美化自己才这么说。”

周鸿祎老在内部开玩笑说，不要以为打了几场仗，就把自己当世界第三军事强国了，“别一捧你，就以为自己会成为中国下一个巨头了”。

大与小

2014 年 12 月初，一张马克·扎克伯格站在一旁、鲁炜坐在扎克伯格工位上开怀大笑的照片在社交网络上到处流传，扎克伯格的办公桌上还出现了习近平著作的英文版和小米的吉祥物米兔，而周鸿祎正站在鲁炜身后——他戏称自己是领导保镖和安全顾问。这一次，也是他第一次去参观苹果公司，尽管周鸿祎作为史蒂夫·乔布斯信徒的身份在科技媒体圈内已经人尽皆知。

周鸿祎一年至少要去两次硅谷，他会去参观一些创业公司。他也是中国互联网大亨中最热衷于谈论硅谷的人之一。“那边的氛围和这边还是不太一样。”周鸿祎说。

一个有趣的悖论是：我见过的很多已经被贴上成功标签的人，却总是在抱怨人们持有一种单向度的成王败寇的价值观；而那些在中国成功的互联网企业家，又总是在谈论他们多么羡慕硅谷的创新氛围。这个环境中的胜利者对这个环境竟也是不满意的。周鸿祎正是如此。

“我们这边总是说要创新，但大多数的创新还都是商业模式的创新；硅谷那边是真正的技术创新和产品创新，那些匪夷所思的点子比较多。价值观也不一样。中国这边，大家自觉不自觉还是以上没上市、市值的高低来衡量。但是，中国互联网今天竞争的压力和快速性，我觉得比硅谷要激烈很多。在硅谷，还是有很多公司在做自己想做的事情。而在我们这边，感觉大家都被指挥棒指挥着，甚至 BAT（百度、阿里巴巴、腾讯的拼音首字）也都感觉很焦虑。”周鸿祎说。

这时候他已经忘记摄影和摄像带给他的不悦。在他的同事的安排之下，我们 9 个人的摄影摄像团队已经带着器材悄悄地离开了他的领地。他也忘记了牙疼，沉浸在自己的言语之中。即使不喜欢他的人，也不能否认，周鸿祎是一个善雄辩和好思考的人。如果不做一个互联网企业家的话，他一定可以做一个不错的老师，或者记者——在谈到同“90 后”的交流时，他称自己同他们之间并无任何障碍。“要说起来有些特质——任性、情绪化、特立独行、口无遮拦，我好像跟‘90 后’差不多，就是比他们年龄老一点。”唯一让他遗憾的是，“‘90 后’比较讨厌说教，而我觉得我很擅长说教”。

随同他一起去美国的同事说，他在飞机上几乎不睡觉，都在看书。他的行李箱中满满当当塞着的全都是书和杂志。他也爱跟人分享。2014 年他出版的图书《周鸿祎自述：我的互联网方法论》，就是他根据自己在各处跟人分享“互联网思维”的讲话稿整理出的结果。每次演讲之前他也从不准备，全都是临场发挥。状态好时就讲得好些；而状态不好时，他自己讲着讲着也觉得难受。

社交网络上流传的照片可以描绘出他们硅谷访问的路线图：鲁炜和扎克伯格、鲁炜和杰夫·贝佐斯、鲁炜和蒂姆·库克、鲁炜和埃瑞克·施密特……不过周鸿祎称自己倒是更乐意去看小公司，虽然没有人知道这些公司的创始人是谁，照片贴在社交网络上也不会带来什么转发和评论。红杉介绍了一些自己投资的公司给周鸿祎，“硅谷的活力在他们身上”——周鸿祎和他的 360 也曾是红杉投资的公司之一。在硅谷的杨致远和田溯宁也介绍了一些自己投资的创业公司给周鸿祎。“匪夷所思”，周鸿祎用这个词来形容他们投资的一些项目。但是，“这才代表了硅谷的文化和精神”。

杨致远曾是周鸿祎在雅虎时期的老板。正是杨致远推动了雅虎收购周鸿祎早年创立的公司3721（正像后来杨致远推动雅虎投资阿里巴巴40%股份一样），并且使周鸿祎成为雅虎中国的CEO。当时，周鸿祎被媒体称作是雅虎门口的野蛮人，这预示着他和这家公司之间的文化冲突。他在雅虎的经历并不愉快，当然，他也让雅虎不太愉快。这就带来了一个传播很广的流言：当周鸿祎离开雅虎时，杨致远亲自打电话给他认识的投资人，请他们不要投资周鸿祎。

这是真的吗?

周鸿祎马上否认。“应该不是，杨致远是一个很好的人。他是那种人……就是你真的做了对他有伤害的事情，他可能咬咬牙，就过去了。”

关于雅虎，周鸿祎说：“当年肯定有很多不愉快的东西。这种不愉快导致我最后离开。但是经过很多年后，你回过头再看，上帝给你安排的任何一段经历，都是一个体验。最重要的是，你在那里待了两年，学到了很多东西。我觉得我在雅虎至少还是开拓了眼界吧。比如在雅虎之前，我没有做过邮箱，没有做过门户，没有做过即时通讯，没有跟国际化的公司打过交道，尽管有很多不愉快的经历，但也让我更多地了解了美国公司是怎么想的，美国人的思维方式是怎样的。”

如果你仍然记得周鸿祎在此前对雅虎的评价，就能感受到他的变化。2010年接受采访时，周鸿祎曾谈到过雅虎，对于这家正在受到包括谷歌等后起巨头冲击的公司，他说：“今天我认为上帝已经惩罚了（雅虎）这家公司。”

现在他可能不会再认为雅虎的衰落是上帝的惩罚，因为他也在感受着“规模之痛”。

奇虎 360 现在拥有了一座共有 17 层的办公楼，也开始像人们津津乐道的硅谷科技公司一样，为它的员工提供餐饮、水果、健身房和娱乐设备。2011 年 3 月 30 日上市之时，这家公司还只有不到 1000 人，现在则超过了 6000 人。“短短的三年里面，团队膨胀了好多倍，所以真的是很多员工我叫不出来他们名字，都不认识他们，也不知道他们在做什么。”周鸿祎感慨地说。

速度是礼物，规模则是诅咒。团队的快速膨胀是这个时代高速增长的中国互联网公司必须面对的管理挑战。刘强东面对着这个问题，王兴面对着这个问题，周鸿祎也面对同样的问题。“公司的文化在快速被稀释掉，文化是需要积累和沉淀的。那么大家还有没有一个共同的说话和做事方式？还有一个问题，业务多了，部门多了，层次也多了之后，不可避免地带来了条块分割、本位主义，部门协作会碰到问题，执行力也会碰到问题。一个想法你要落实，很多人会把一个简单的想法变得非常复杂，天天讨论来讨论去，或者各种流程走来走去，明明很简单一拍脑袋就可以做的一件事，却变得大家顾虑重重……”

“那你现在可以理解当年雅虎作为大公司的痛苦了吗？”我开玩笑问他。

周鸿祎非常可爱地迅速点了几下头：“理解理解。”

他面有痛苦之色，“当时我就觉得，很多事对我来说很简单。但把这个问题放到雅虎高层去考虑，他们就顾虑重重。当时我觉得杨致远应该支持我，现在回头去理解，他也很为难。那时候我觉得（杨致远）你怎么这么‘面’呢？现在我就发现，公司大了之后，它真的像包袱一样。要想像乔布斯一样，不去顾虑很多东西，拿出刀来削掉它，还真的是需要很大勇气的”。

“有时候我面临一些问题，比如处理一些人事问题，我就发现，我也变得很优柔寡断。你要顾虑太多的东西。当做一个小公司时，你把一个人开掉就开掉了。但现在大家就会说，行业怎么想，别人怎么说，我们以后还招不招这样的人。我一听，有道理啊。所以就会顾虑太多。顾虑太多，你会少犯错误。但问题是，你慢慢地就不够尖锐，企业就会走向平庸吧！”

周鸿祎正在寻求解决之道。他一直以来的方法是努力保持公司的“小”。2013年年底360的一次架构调整，就被解读为是为了防止大公司病。调整的方向是结构扁平化和去夹层化，重要的业务线直接向周鸿祎和总裁齐向东汇报。在《周鸿祎自述：我的互联网方法论》中，他也提到360内部有一些项目是由他亲自来抓。

“我一直在探索，怎么把公司变得相对扁平，内部变成以产品为核心的小团队。”他说。

但是明显周鸿祎仍然不满：“我现在觉得这样做还是不够。人进来太多之后，如果人本身不够好，你让他独立去做产品，那么最后谁来对产品的质量把关呢？最后全靠我一个人或者少数高管，也是不行的。所以我们开始用一种可能更革命的做法。以后我们会尽量把一些业务拆分出去，你必须把它推到市场上去，真正让它独立出去。”

这种独立甚至还意味着要离开360这幢临近798艺术区的办公大楼。“让它真的搬出去，自己找地方去，真的像一个创业公司一样。”

“你还别小看这个办公室环境，它对人的心理暗示非常强。你搬到这个楼里以后，就有点儿大公司范儿了，对吧？人也很多，办公室环境也还可以，它会不自觉地给人心理两个暗示：第一，这是个大公司；第二，他不觉得自己是公司的依靠了，他觉得自己可以依靠公司。”周鸿祎说。

产品

我们第一次见面之后第二天，360 计划收购一家手机公司的新闻开始传出。周鸿祎也发了一条微博，说自己计划搬到南方去住，为这条传闻更增添了可信性。这倒并不让我意外。因为在前次谈话中，聊到智能硬件时——周鸿祎将 2014 年称为 360 的智能硬件元年，我问他，360 是不是就此打算放弃做手机了？结果出人意料。周鸿祎直勾勾地看着我，很诚实地回答“没有”，他马上就要重新做手机。这个回答让他在场的同事都觉得意外。大家都是第一次听说这件事情。

随后，12 月 16 日，奇虎 360 宣布，向酷派投资 4.0905 亿美元现金成立一家合资公司。奇虎 360 会持有这家合资公司 45%的股权。

周鸿祎对智能硬件始终充满热情，IOT 已经成为他每次演讲都会提到的词语。奇虎 360 在智能硬件上也做过了不少尝试。2014 年，这家公司推出了 360 儿童卫士智能手表、360 安全路由、360 智能摄像机等一系列硬件产品。其中，360 儿童卫士手表在三个月里实现了 50 万的销量。360 随身 wifi 累计销量已经突破了 2000 万，被称为“蹭网神器”。另外，360 免费 wifi 软件应用在推出三个月之后，用户量已经过亿，热点数量过亿。

而智能硬件现在似乎已经成为红海。按照周鸿祎自己的说法：“硬件说起来似乎门槛比较低，现在说相声的都可以做手机了。”

但是，知易行难。“我们自己做硬件，开始也觉得很容易做。我们就冲进来了。实际上，这么讲吧，我们都把它想得太简单了。而且我也强调，现在已经不是卖硬件的生意，你卖出去之后，使用体验才刚刚开始。摄像头装上去之后每天都在看，手表戴上了每天都在用。所以要把体验做好，要和软件结合。真的不容易！”

他号称自己的团队已经将市面上所有能买到的空气净化器都研究了一遍。“难道你要做空气净化器？”他马上否认：“我们不会去做。别人去做空气净化器了，我们才有机会做手机嘛。”

他自己也基本上将市面上能买到的手机都研究过一遍。第一次见面时，他手上拿了一部一加手机。因为他总用这部手机发微博，一加因此成为和 360 合作的最重要的绯闻对象之一。我很好奇，问他为什么不用苹果。他马上说，我也用啊。第二次见面，他做的第一件事情，是将自己用的三部手机一部一部掏出来，放到面前的茶几上，一部一加，一部 iPhone 6 Plus（美国苹果公司在北京时间 2014 年 9 月 10 日推出的一款智能手机），一部华为荣耀，然后走到办公室隔壁的健身房去拍照。

“其实说起来我比较冤。”周鸿祎说，“当初小米出来之后，所有人都不看好他，可能除了雷军，我是唯一看破他的模式而且看好他的模式的人。但是当时我一念之差。可能有的时候我也缺了点浑不吝的精神。其实当时我自己如果坚持做手机也就做了。”

周鸿祎不但自己没有做，而且还信誓旦旦说自己不会做手机。他采用的方式是南下去找手机生产商合作，用他的话说，是“花了九牛二虎之力去说服传统手机厂商”，“说服他们就花了半年时间，因为他们对小米起初是很不屑的。说服之后，他们半信半疑地做，做的过程中，稍微遇到点困难他们就会质疑，就会退缩。而且他们的 DNA（脱氧核糖核酸）确实和互联网思维不太一样。”

有一次周鸿祎碰到雷军，雷军也跟他说，小米做什么东西（硬件）都能自己控制，而 360 不一样，“你在做互联网，做手机的事情你控制不了。两家公司，各怀鬼胎，你没办法跟我竞争”。360 特供机的不成功，也证明了雷军的判断。如果用雷军自己的互联网七字诀“专注极致口碑快”来套用一下的话，360 早期做手机，可以称得上是不专注、做不到极致，也不快，只是凭借周鸿祎的号召力，拥有一些口碑。

现在回过头看，周鸿祎认为，“方向看对了，方法是错的”。不过，他又称“最近又看到了新的机会，而如果手机有新的创新机会，做手机还是有机会的”。

在 2014 年平安夜的那封公开信里，周鸿祎小范围地回应了外界的质疑。他写道：“我们坚定不移地去做手机，正是因为未来的移动互联网的中心不一定是现在这样的手机。互联网飞速变化，快速迭代，创新在改变着人类生活和商业竞争。未来的移动互联网，它的中心可能是智能汽车，可能是智能手表，可能是你根本想不到的东西，但如果我们只是甘于做旁观者，只是作为布道者，那么我们永远不可能有创新，永远不可能抢占潮头。”

巧合的是，360 宣布同酷派合资做手机这一天，恰好就是雷军的生日。而且，华为荣耀也在这一天发布了它的一款新机型。互联网圈的人开玩笑说，雷军生日当天和兄弟们一起喝酒聊天到很晚，但是一看 360 要去做手机，华为也发了新机型，于是第二天还是挣扎着起床接受记者群访。

3Q 大战时，周鸿祎也是选择在马化腾生日那天发起袭击，上线

“扣扣保镖”。而这一次，周鸿祎则说：“我真的不是故意的。我也不知道他那天过生日……我这个人记不住别人的生日。而且我们本来不想宣布的，能低调就低调。”

周鸿祎在中国商业世界以产品感好而知名，甚至有人称他为中国第一产品经理。在 360 内部，周鸿祎发起的“老周授徒”，也是希望将他在产品上的心得传授给公司内部年轻的产品经理们。他自己说，他在产品方面的“灵感”，三分之一来自于自己的想法，三分之一来自于看别人的东西，“这个世界上聪明人很多，看别人的东西会得到很多启发，即便那个东西做得不完美”，另外三分之一来自用户反馈，“任何产品的创意都来自于用户的一个未被满足的需求”。

“李鸿章说，世界上最简单的事情莫过于做官，换一种说法，世界上最简单的事情莫过于做产品经理。因为做产品经理，我觉得就一个要求，你能够换位思考，从用户的角度去看很多产品。”周鸿祎说。但让这件简单的事情变得复杂的是，他发现，很多人如果只是一个用户，就会很容易对一个产品提出诸多不满的意见；但是，只要你宣布他变成了产品经理，他马上从一个对产品的不满者变成了产品的辩护者。

焦虑

从媒体上的报道来看，周鸿祎 2014 年下半年过得一点都不好。如果从股价上衡量，奇虎 360 的股价从最高时的 120 多美元掉到了今天的 60 美元左右。股价下跌让这家公司退出了市值百亿美元俱乐部。尽管 360 的市值仍然有 70 多亿美元，在已上市的互联网公司中，只有 BAT 三巨头、京东、唯品会和网易高于它，但这已经足以让它成为人们议论的对象。毕竟，大家对周鸿祎和360的期待是中国互联网第二阵营的领军者。小米在2014年年末450亿美元的估值更是加深了人们对360成为“掉队者”的印象。

“我几乎从来不看股价。”对于这一点，周鸿祎自己的说法是，“所谓市值，只是一个公司的一个阶段而已。我能把安全做好，这个公司对社会有价值，大家离不开它，不是挺好的吗？为什么要按一个标准来要求所有公司呢？我现在对于外部的环境看得很清楚，我们应该按自己的节奏走，不能被对手打乱了节奏。媒体和行业怎么看，都是别人替你瞎操心。自己还是应该明白。”

收购搜狗未遂、特供机失败和快播被封，被普遍认为是周鸿祎这两年遇到的一些失意之事。事后来看，周鸿祎有自己的解释。“搜狗是我们叫停的收购，我们可以跟张朝阳谈，但没有办法让团队跟我们一条心，团队又是我认为最重要的。现在站在王小川的角度我也特别能理解。他就是希望独立，不被人控制。他的股份虽然少，但他希望公司可以在自己的掌控中。最好多找几个股东，这几个股东可以相互制衡。如果当时我们不是提出要收购，而是投资，可能还比较好一点。”

360也曾经想收购俞永福的UC WEB，但最后也还是没有争过阿里巴巴。搜狗拿了腾讯的投资，UC最终被出售给阿里巴巴，这让周鸿祎意识到，“通过收购兼并，去买一个成熟的业务”，这条路不适合360走。至少有一个原因是，“巨头永远能比你出更高的价钱”。

开始做手机时，选择同不同手机厂商合作特供机，正如之前所说，周鸿祎也认为自己是猜中了开头，但是选错了方法，去找了一堆半信半疑的合作伙伴。“其实就应该去买一家手机公司，或者投资一家。我就是当时没坚持下来。”

周鸿祎没有为市值和“老了”这些问题焦虑，但他也毫不讳言自己的确焦虑。在谈话过程中，他几次用“Growth Pain（成长痛）”和“痛苦蜕变”来描述自己过去一年的感受。

他的焦虑中有对产品的焦虑，“即使我有一个很看好的方向，有一个很好的主意，但是做了产品出来后，我都不是很满意。有的产品我自己公开讲不满意。我写了本书，在外面给人讲怎么追求极致，怎么从用户出发。结果我们自己都违背了我说的原则，一些产品做得很粗糙。”

他提到了乔布斯在1995年接受采访时的一段，乔布斯在访谈中说：“我离开后，对苹果最具伤害性的一件事是斯卡利犯了一个很严重的错误，认为只要有很棒的想法，事情就有了九成。你只要告诉其他人，这里有个好点子，他们就会回到办公室，让想法成真。问题是，好想法要变成好产品，需要做大量的工作。”周鸿祎曾经应邀对这段采访做过点评。他的批注也被收录到他出版的书《周鸿祎自述：我的互联网方法论》中。让他痛心疾首的是，“道理我都知道，但是我自己都在违背”。“如果你觉得这是个好想法，你就应该亲自去做，全力以赴地做。（再看时）我觉得这句话说得太对了，我原来怎么就忽视了这句话呢？”周鸿祎感叹。

现在，周鸿祎还是希望通过4亿美元投资酷派，能够再次抓住当初失去的机会。

周鸿祎在微博上说要搬到南方去住。我问他是否是认真的，还是只是个玩笑。周鸿祎的回答是：“你要真做手机，就要全力以赴去做……最重要的还是我和我的团队能挑出我们最精干的团队。我自己要亲自去。”

“在过去的一到两年时间里，我在想，也许我太贪心了。其实，一方面我不像外界说的那么贪婪，但另一方面，跟一个创业公司比，我还是试图去做了太多的事情。这就导致我们很多事情，压强原则不够。”他说，“我老是克制不住这种做新产品的冲动。”

然后是组织和管理上的焦虑。“过去我考虑问题很单纯，只考虑产品，只考虑事情怎么做，然后自己身先士卒。在 2014 年我意识到公司到了这个规模，很多让我焦虑的问题，归根结底都是人的问题。我过去其实不太琢磨人性，自己情商也不高。”他感觉到自己一贯使用的管理方法碰到了问题。过去他可以身先士卒，可以在管理团队时肆无忌惮，因为他相信乔布斯的说法，A 级人才是不怕挑战的，你甚至可以不用考虑对方的自尊心。但是今天，“现实告诉你，很多人你骂他骂得狠只会把他给骂蔫了。还有的人你挑战得太厉害了，他就恨上你了。真的”。

他像一个受到伤害的人那样一脸诚恳但也疑惑不解：“真的，人不是想象中的那么单纯。我发现我碰到了所谓的瓶颈。过去我对事考虑得多，对人性考虑得非常少。我以为大家都应该跟我一样，所以我是用对自己的方式对他们。我对自己也很苛刻，也有很多挑战，我并不怕去承认我的错误。但很多人不是这样的，他们也不能接受这样的态度。”团队的规模让这件事情变得更加难以解决，“60 人的时候你可以要求大家跟你一样，但 6000 人的时候，确实很多人的想法跟你不一样，你也不能把他们都赶走”。

“我突然觉得，我跟马云是有差距的。如果比懂技术、懂产品，可能马云不如我；但是他可能更懂领导力，更懂人性。所以马云可以驾驭更大的事业。”周鸿祎说。

“2014年我在想，我要变成一个什么样的人呢？我继续做行业里的第一产品经理，还是说要改变我自己？这个问题我也没有答案。”

他突然就陷入了这种严肃的思考当中。而且由于他对自己困惑的彻底的坦诚，我甚至都很难给出合适的反应。

他接着说：“比如我最近在思考的问题，有两种领导做派，一种是强势型，领导很能干，什么事都有主意，底下人只要照办就行。还有一种是无为而治型，领导越弱，底下人就成长得越好。道理都对。然后我就在想，我应该走哪条路呢？真的，你不要笑。这对我是个挺大的问题！”

不过，在我们第二次见面时，一坐下来，还没有等我提问，周鸿祎就开始主动表达出对自己坦诚谈论困惑的“悔意”。“我发现一个问题。我发现在今天的商业社会里，说实话是不受待见的。我最近看了一些采访，所有采访基本上都是吹牛，他通过将信息传递出去给大家信心，给团队信心；相反你要是去做一些总结和反思，外面的人就会揪住你不放，觉得你有问题。所以我在想，我们还是多谈一些正能量的东西。”

周鸿祎担心，自己的坦诚会被竞争对手利用。他称自己参加过一个会议，谈360做智能硬件的经历，又讲了讲360做特供机的故事，还举了路由器的例子，拿第一版360路由器做剖析，“应不应该做两个天线，到底应该做几个LAN（网络局域网）口”。“我并不认为这是失败，比如说我一个产品没做好，但我知道我为什么没做好，我重新再做。”但是周鸿祎称，自己随后收获的是一大堆互联网上的负面报道。“什么360失败，360硬件战略失败，360路由器失败，周鸿祎宣布放弃什么东西……结果我的同事叫苦不迭：‘你在外面不替我们做广告就算了，还给我们泼冷水，弄得用户都来质疑，到底我们还做不做了。'"

我问他："那你是想改变风格吗?"

"就是我现在发现原来我挺鄙视企业家对外吹牛包装自己，把自己神化。但最近这个价值观受到了巨大的刺激。"

"你受了什么刺激?"

"我就觉得吧，你看从企业家到创业者，大家出来都是意气风发，俨然每个人都是巨大的成功者……其实中国互联网走到今天，每个人都犯了很多错误，走了很多弯路。如果闭口不谈这些，只是吹牛，我认为不是真实的历史……我比较痛恨说假话，痛恨吹牛，这是我一个比较重要的原则。就像你刚才问我，有什么坚持不变的原则——我一直坚持做人要诚实，包括坦然面对自己的问题，包括鼓励做企业要复盘。"

"图腾"

在我们最后一次采访结束之前，或者说在他下午的日程必须开始之前，他看着面前打印出的采访提纲，回答了每一个问题，包括那些我没打算问他的。

他仍然没有把时差倒过来。因为在我们两次见面之间，他又出了一次国。

他有些记不清楚自己去年读过的印象最深刻的书是什么了。不过他倒是很认真地列举出一些电影的名字。而且，在整个谈话过程中他也在不断地抛出新的电影的名字，从《拯救大兵瑞恩》《僵尸世界大战》到最近的《超验骇客》和《狂怒》——每次当我表示没看过他提到的一部电影时，他都会问我："你是不是不爱看电影啊?"

他主动回答了自己上一次流泪是什么时候，讲到了对自己两个孩子的期待，他提到自己每天要睡八个小时的时候，我心里长出了一口气。

尽管他认为能够让人们随时随地接入互联网是个伟大的成就，但他也有些担忧它的负面影响：人们无时无刻不在盯着手机。当我问他是否会跟其他互联网企业家谈及他的担心时，他的反应是："我自己就是做互联网和移动互联网的，我说这个人家会不会说我矫情？再说了，跟一帮做互联网的人谈时间都被互联网占据的危害性，是不是有点像一群卖白粉的坐下来开会讨论毒品的危害性?"

不过，所有这些都没有谈及悬挂在他办公桌后的切·格瓦拉画像那么让人意外。

为什么这幅画像会出现在这里?

因为这里本来挂着另一幅画——一幅小马画像。"我就跟装修办公室的同事说，我墙上挂着 Pony（Pony 是腾讯 CEO 马化腾的英文名，也就是小马。很多互联网记者都喜欢称马化腾为小马哥）的画像不太好吧？于是他们就换了一幅切·格瓦拉。"

"就是这么简单？它对你没什么特殊的含义?"

"就是这么简单。"

然后，他开始谈论历史上的切·格瓦拉，谈论切·格瓦拉并不是一个毫无缺陷的英雄。

雷军也跟我说过，他说我做什么东西自己都能控制，你呢？你在做互联网，但是手机的事你控制不了。你是两家公司，各怀鬼胎，它不是真正的一体，所以你是没有办法跟我竞争的。后来我觉得他说的是对的。

所以我们最早做手机，这个方向看来是对了，但是方法是错的。我最近又看到了新的机会，我觉得手机如果有新的创新，还是有机会的。

我用三部手机——想做手机了，我就在轮着用不同的手机。给你看，我的华为手机、Mate7，还有一些其他的——魅族的、酷派的。

做特供机的时候，可能第一是跟合作伙伴的关系，因为没有资本的联系，所以不够紧密，像是一种营销伙伴。这样的话，在软硬件上，没有办法真正软硬一体，给用户创造最好的体验。

第二，原来我们跟十几家甚至几十家深圳的厂商都有合作。当时就觉得说，我要做一个平台，谁的手机只要做得不错，他都能够在这个平台展现。事实证明，你做十几款手机，不如做一两个精品。所以这次我们在“中华酷联”这些大的厂商里，选一家比较紧密的合作伙伴。

当然我们要有相当的股份，因为毕竟手机是核心业务，我们想建立投资和入股的关系。通过这种资本的关系，我觉得大家能够比较一致，共同做一部好手机出来。

实际上我们真正做手机的想法，我觉得最重要的，还是安全，因为本身我还是立志要做中国乃至全球最大的安全公司。

长期以来，我们对安全的理解都在操作系统这个层面，实际上必须要对安全有很深入的理解，跟操作系统有很紧密的合作，才能做出很好的安全产品。最近这几年我们也感觉到安卓手机越来越被碎片化了。现在安卓系统上安全体验做得并不好，反过来很多手机厂商好像也都在模仿我们做安全，但他们不是专业的安全厂商，所以做安全经常是表面上可能跟我们界面很像，但其实在真正的功能上、对安全真正的理解上，我觉得还是有相当的差距的。

我们觉得如果不能真正地通过跟手机厂商结合，创造一个最好的安全体验，将来手机的安全迟早还是会出大问题的。所以我们做手机很重要的一个出发点，还是要找到一两家能够跟我们紧密合作的手机厂商，这样让我们在操作系统层面能够更好地把安全的体验做到极致。

做特供机的教训

BAT 做手机也是将信将疑。我觉得这里边最遗憾的，还是特供机这件事情。猜到了一个开头，就是看到小米的模式，你看到了方向，但是可能当时做了一个错误的选择，就是选择去找了一堆半信半疑的合作伙伴，大家很松散地做。其实你就应该去买一家手机公司，或者投资一家手机公司。我就是没有坚持下来。

有两个原因吧。第一个就是说，当时我们的模式是跟很多手机厂商合作，当时也把话说得特别满，说我们自己不做手机，就是跟厂商合作。所以这样的话，就先把自己做事的方式给框住了。第二个，当时内部也有不同意见，我们不够聚焦。因为我们有这么多用户，面临很多可能性，比如说做搜索、游戏，实际上也有很多其他业务。每一个公司的管理带宽和资源总是有限的，对吧？

我跟雷军也聊过这个问题，雷军说的很有道理。他说："你要是想做手机，想想你能不能全力以赴，能不能来领军，你要是能亲自带队，咱们可能还有得一打。他说你总不能弄个部门，弄个总监就觉得能跟我打吧。他还说你公司虽然人多，但你在手机上能放多少人？放 100 人？500 人？我有几千人在做这件事情。”

他说的有道理，有时候你看到了一个机会，但是如果你不能够有这种 all in（疲倦到极点）的思路，全盘压上，你不能去赌，不能亲自去做，而只是说弄一个部门，（把它当作）众多业务中的一个，这种做法其实是不太可能成功的。

所以为什么我有时候讲，很多大公司看上去四面出击——实际上 BAT 也有这样的情况，做了很多业务，但是有时候大公司的一个部，往往干不过外面一个独立的公司。因为部门只是众多业务之一，别人那个公司是核心命脉，这两个问题就不一样。第二，大公司虽然资源多，但他分了不同部门，部门之间有很多壁垒，有很多扯皮，有很多掣肘。小公司，只要 CEO 决定了，整个想法和资源可以非常统一。

还有，每个企业的领军人物其实还是非常有限的。你希望把业务做起来，领军人物的作用是非常大的。比如说，如果我有 10 个业务，每个业务可能我一周只能看一次，甚至一个月才能跟他们开一次会；但如果你是一个小的创业公司，你可以每天十几个小时、每周七天都在琢磨这个事。我后来发现，再聪明的人、再有天赋的人，天天琢磨一件事，和你几天才琢磨一件事，这个思考的深度是完全不一样的。所以如果要做手机，为什么我说我要去南方，你要真做手机，就要全力以赴地去做。

做手机才刚刚开始。我们选择了合作伙伴，签了一个意向，我们也承诺了要投入巨大资金。这些都是外部因素，实际上这也是在告诉自己，告诉我们的团队，我们要做这件事情，要全力以赴。实际上，最重要的还是我和我的团队能挑出我们最精干的人，挑出我们最精干的团队。我自己要亲自去做这件事情。

我宁愿选择不说，选择去做

今年我们的股价一直不是特别好，我们跟资本市场的沟通也特别少，我也不太愿意去跟他们沟通。为什么呢？因为我现在发现，原来我犯了一个错误，就是话说得太多……你看我在财报会上，有时候会说得太多，别人的采访说的都是外交辞令，我做不到。你要问我什么问题，我可能就会很认真地把我思考后的想法跟大家说一下。但说的越多，竞争对手研究我就研究得越多。有的时候我就觉得，基本上我们在某些领域成了竞争对手的一个灯塔。真的。你看我现在做的事情他们基本上全都在跟进。所以我现在干脆说，我也不说了，也不想让他们知道我在想什么、干什么。我觉得资本市场或者媒体、行业不知道你在干什么，暂时可能会有一些误解，但是最重要的不在于说，在于做出业绩。

这是两种不同风格，你比如说有的人就是投资了一个视频网站，甚至只是在公开市场买了一点优酷的股票，这你也可以做到，然后就开始宣布自己的媒体格局。现在这种风格就是在媒体上很吃香。宣布一下，我未来花 10 亿美元，怎么样怎么样。

那天王长田跟我商量，我说这有啥难的，咱俩宣布说，未来三年我们俩将投入 100 亿人民币。100 亿够不够？不够我们就说 200 亿。没有人来给你算账。然后宣布我们将扶植影视行业。王长田听了就挺开心的。

我跟他说，这种话咱能不能不说？他问为什么。我说这种话好像是挺豪气冲天的，但是这东西挺浮夸的。

我们俩是实打实地去想，已经谈了一年多了，我们商量在视频上做一些创新的东西，他有很多版权内容，我们有用户。我们想做一个跟优酷不一样的东西。

后来我就说服他，可能最后本来我们要开一个盛大的发布会，后来发布会都不开了。我就说，我们把产品放这里，低调一点，让用户能感觉到好，这是最重要的。

否则在行业里，你不觉得我们看到太多发布会了吗？几个大佬出面，号称要干什么，一般都是这规律。几个大佬身家多少钱，单位都是以十亿、百亿来计的，然后再弄一堆财经记者来发点文章，吹捧一下，然后谁谁谁就变成了迪士尼。但是过几年之后你会发现这种事就没有着落了，是吧？

我宁愿选择不说，选择去做。

酷派他们心里也想清楚了，就是你必须走出互联网这一步，你不走一定是等死。走了可能是冒险，但是我觉得找死比等死好，因为在找死的过程中，可能没准自己还变得强壮了，找到一条路走出去，就不死了。你等死，坐在那束手待毙，可能就越来越虚弱。

所以我对这些东西没有那么在意。还是那句话，你天天要在意那些事情，那不是天天精神压力都很大？

我对产品的兴趣，会大于对商业的兴趣

外在的东西对我压力不大。其实这些东西，远远超出我的预期了。我做公司不是以财务目标来衡量的，当然我也很羡慕那些人，说谁的

公司要做到多少多少，都那么意气风发，但这确实不是我的价值观。

原来我就为一个事焦虑，就是我能不能做出好的产品。我从来不会因为谁的市值多少、谁是中国的首富而让我产生自卑感。他就是首富，他干了流氓事，我照样骂他，对吧？

很多人可能会很崇拜，我没这感觉。但相反谁做了一个好产品，这个产品确实改变了人们生活——这是我的梦想，比如说张小龙做了个微信。我跟张小龙认识这么多年，我们年龄也比较接近，你要说羡慕嫉妒恨，我也很羡慕。这个可能会让我焦虑，可能会给我压力。

有的时候你会发现说，我对产品的兴趣，会大于对商业的兴趣。这个没办法。其实从某种角度来说，中国很多人装乔布斯，我恰恰觉得他们不是乔布斯。他们都是商业里的精英人物，都精明得要死，一个个都特别懂商业。

其实要真的说起来，什么叫极客精神？极客精神就是它有时候会忽视商业的东西，更多的是关注技术、产品。你看我们给小孩做的手机上有这样一个智键，一按打开手电。这种小东西你可能会觉得不以为然。再比如全世界最小的路由器，随身 WI-FI，插在电脑上，就把电脑变成免费的 AP（传统有线网络中的 HUB）了。包括比如说我们做的儿童手表，都是小东西。

我一直觉得说，这些小东西把它做到极致，做到很多人都去用，它就有可能是一个很好玩、很有意思的东西。我可能会对这些东西保持兴趣。

我在公司内部有时候会发脾气，但我从来不会因为股价发脾气。其实我也不太去看股价，你要问我股价多少，我真的不知道。我也不用撒这个谎。因为看了也没用。我真的发脾气就是一个事，就是产品做不好、细节做得不够，我对细节比较在意。

我性格中可能还有一个特点，你可以说我比较倔强。现在说有钱就是任性，其实没钱我都很任性。我一直认为人活着最大的自由，就是你能去做你想做的事。这就是任性。那我为什么非要有钱才能去任性呢?

手机这件事，我们总结了特供机的经验，现在我们认为，做手机还有机会，因为手机市场真的还是很大。电脑你可能几年一换，买个笔记本至少用两三年，但手机没准半年甚至一年就会换掉一部。而且随着技术的发展，手机越来越跟人紧密结合。今天手机是这样的，未来可能会变成显示屏跟输入分开，比如输入会在手表上，显示屏会在眼镜上，谁知道呢?

手机还有很多创新的机会，所以我重新杀回手机。你可以说我就是倔强任性，我就是不服气，就不服输；但是即使我做这些东西，支持我的理念依然不是我做手机准备赚多少钱，我做手机准备不挣钱。我做手表目前也是不挣钱的，对吧? 我确实觉得第一步还是要给用户创造价值。

(2015 年第 1 期)

蔡文胜：天使的野心

他高中没毕业，不懂英文，不懂技术，普通话都说不标准。但作为天使投资人，他已经至少投出了3家上市公司，其中包括知名的分类信息网站58同城。现在，作为美图公司董事长，他似乎更想亲自开创一家伟大的公司。

文_**薛芳**　编辑_**施雨华**

1999年，蔡文胜决定去澳洲闯荡。

对他而言，这是一个艰难的决定。在菲律宾五年了，一家人都习惯了这里的生活。做生意赚过些钱，一度距离衣锦还乡的梦想近了一些。但一场突如其来的变故，使他重新回到了起点。他想离开这片伤心地。

变卖完所有家当，所得不过35万港元。去澳洲前，他打算回石狮老家看看父母。途经香港，心血来潮。35万港元，寄了5万给已经抵达澳洲的妻子，剩下30万，全部买了盈科数码的股票。

他就不是个认命的人。

许多年后，蔡文胜依然记得买进股票的价格：5.8 港元。他赌对了，“那个股票当时最高到 28 港元，市值到 2000 多亿港元，全香港 70%的人应该都买过，大部分亏钱，我运气好，20 多港元卖掉了。”凭这一单，他赚到了 100 多万。

蔡文胜马上给妻子打了个电话，“你们回来吧，我不去澳洲了。我 30 万能变成 100 多万，明年一定能变成 1000 万。”他拿出一部分钱在厦门买了套房子，剩下的全买了跟互联网有关的股票。

当时他还没有电脑，为了追踪股票行情，在朋友办公室让对方教他学会了上网。

无疑，他被股票和网络给迷住了，以至于重新确定了人生方向——放弃传统类生意，全力去做好两件事：一是股票，二是互联网。他像一条鲨鱼，嗅到了血的味道。

十五年后，北京竞园艺术中心的别墅里，已经是著名天使投资人的蔡文胜，身材修长，面容清朗，看不出丝毫有钱人或暴发户的气质。“开始是有了钱就想炫耀，买宝马车买大房子，到了今天，像不像有钱人已经不重要了。”

功成名就，便有不在乎的资格。在中国互联网界，蔡文胜头衔众多：“域名之王”“站长之王”“最懂初创者的天使投资人”。

为什么是蔡文胜？他的朋友们各有各的说法：聪明勤奋、善于把握趋势、执行力强……

蔡文胜本人的归纳：“第一，我喜欢学习，也善于学习。第二，我比较敢拼敢赌，经常在背水一战的情况下去赌一个事情。第三，很多人是经常琢磨、经常讨论，不做；我一般想到了就去尝试，不成功再掉头。”

最懂初创者的天使投资人

雷锋网创始人林军在文章中写过，“……每次到北京，都会在各个局里听到关于蔡文胜的故事，薛蛮子是他的天使，雷军是他的朋友，黄明明是他的伙伴，王峰被其兜售过域名，冯鑫与其一起谋局暴风，蒋涛请他做嘉宾，梁宁和他讨论风水……”结论是，蔡文胜是中国互联网界最让人如沐春风的人。

2011 年 3 月，蔡文胜和薛蛮子、雷军、李开复、包凡等人发起成立了天使会。薛蛮子有“中国天使投资第一人”之称；雷军此时已经创建小米公司；从微软和谷歌出来的李开复，是创新工场的教父；曾经在摩根士丹利和瑞信工作的包凡，执掌中国私募融资的“头牌”华兴资本。

挤在一群“高大上”中，蔡文胜最另类。他高中都没毕业，不懂英文，不懂技术，普通话都说不标准。不过投资业绩会证明他跟他们是一伙人。作为天使投资人，他已经至少投出了 3 家上市公司：银行卡优惠券平台 TTG、游戏研发公司 Forgame（云游控股有限公司），以及更为知名的分类信息网站 58 同城——分别在澳洲、香港和美国上市。

“当时姚劲波创业冲动很强，说要做一个分类信息网站。我觉得非常可行，所以也参与了。后来我们一起去找软银赛富基金的羊东投资。羊东笑着跟我提要求，说蔡文胜你也要把精力放在这里头才行。我答应了。因为这个承诺，我到现在还兼任着 58 的董事。”

现在，蔡文胜手头的天使投资项目有上百个，每年还会再加投 10 到 15 个。最近这两三年，他几乎只投移动互联网相关项目，尤其看好互联网金融、教育、医疗类的项目。和雷军的不熟不投、薛蛮子的天马行空相比，他也有自己的风格。

“我更加看重用户规模。我不太会问它的商业模式，也不太看早期会不会赚钱。我认为有用户一定会有价值。我一直是这观点。从创始人来说，我不看重他的学历，也不看重他有没有大公司的经历。我甚至更偏爱草根一点。”

比如，他投资的3个福建“80后”，美图秀秀创始人吴欣鸿只是高中毕业；飞博共创创始人伊光旭大学没读完就出来创业；同步网络创始人熊俊读的是福建本地的普通大学。

当然也有例外。比如，他和徐小平一起投的大姨吗，创始人柴可就是“富二代”、名校海归。打动蔡文胜的是他的毅力。“他回国的时候体重是180斤，为了创业，他减到140斤。一个人有那么大毅力把体重减下来40斤，他做事情一定也可以成功。他抓住了一个切入点，而且他可以借助这个延伸到整个医疗领域，包括女性健康、宝宝健康，往这方面去走。”

主动、果断是蔡文胜的风格。

当年收购暴风影音时，竞争者中有百度、软银、IDG（美国国际数据集团）这样的劲敌，胜出的却是他。事后来看没什么特别，不过是他亲自去找暴风影音作者——哈尔滨的软件工程师周胜军，仅凭双方的一个口头协议，在半小时内，将自己几乎所有积蓄——1200万元人民币划到后者的账上。“我都是直接打钱，这些个人站长更喜欢速度。”蔡文胜轻描淡写地说。

熊俊刚刚准备创业时，和蔡文胜吃过一顿饭。两人谈人生、谈理想，闲话家常。隔天早上，他收到一条短信，说钱已经打过去了。查询的结果是，银行卡里一下多了上百万元人民币。当时他是第一次和蔡文胜见面，连做什么项目都没想清楚，什么协议也没签。很早就决定投资他的创新工场，因为要走程序，资金几个月后才能到账，而蔡文胜用了不到二十四个小时。

与蔡文胜相识多年的极客帮合伙人梁宁，将他的成功归因于对趋势的深刻把握。

苏光升对此深有体会。2009 年，蔡文胜投资了他做的 OPDA 智能手机论坛，并且要求将塞班论坛转为安卓论坛。苏光升答应了却迟迟未动，因为塞班市场看上去还很不错。因蔡文胜一再催促，他想了一个月才决定转型，推出了安卓优化大师和卓大师。一年之后，诺基亚彻底放弃塞班系统，安卓手机成为全球出货量最大的智能机。苏光升用两个字来表达心境——服了。

薛蛮子告诉我们，简单来说做投资就是看人看事。蔡文胜在早年只投个人站长。“当然也有一种可能。那时候他也不认识什么高大上的人物。”他调侃道。而在和蔡文胜一起工作过的黄明明看来，蔡文胜在天使投资上的成就同他早年做域名和 265 网站期间结识了大量创业者密切相关。

《创业家》杂志分析，敏锐的蔡文胜是个人站长实现商业转型的最佳代表。个人站长群体的创业方式，与中国互联网主流创业者的创业方式相去甚远。个人站长投入很少，网站简陋，没有太高的技术含量，通常就是靠一两个“杀手级应用”吸引成百上千万用户，然后获取广告或增值服务的收入。这是纯粹的中国特色。

很长一段时间，中国互联网的主场，属于受过高等教育的精英和海归。他们追随海外流行模式，为中国的高学历、高收入人群提供服务。但中国互联网的飞速发展，促使它们一边扩张一边下沉。BAT 等巨头、小米、360 和京东，无不开始关注县级以下的市场。而蔡文胜一开始就是从这里起步的。

几十处修改成就域名之王

让我们回到蔡文胜刚刚接触互联网的年代。1999 年，中国互联网勃兴，新浪、搜狐、网易初具雏形，阿里巴巴和腾讯开始招兵买马。蔡文胜决心做好两件事：股票和互联网。最初，他把它们简化为一件事：买跟互联网有关的股票。

2000 年，互联网泡沫开始破灭。在 2000 年 3 月到 2002 年 10 月间，全球 IT 业界约有 5 万亿美元的市值被抹去。2003 年，电讯盈科（盈科数码合并香港电信后成立，李泽楷担任董事局主席）股价跌至 1 港元。虽然抽身得早，蔡文胜仍不免心有余悸。在 2007 年之前，他没有再买过股票。

股票不能做了，互联网又如何？蔡文胜仍抱有信心。只是，怎么切入呢？

2000 年 4 月，他在报上偶然看到一条新闻，一个名为 business.com 的域名卖了 750 万美元。第二天，他就用两万块钱买了一台联想天禧电脑，开始了他的域名生意。

当时注册一个域名的费用是 220 元，他一口气注册了一千多个。想着有人来买，开价 10 万、20 万，卖出去一两个就能回本。结果，2000 年连一个都没卖出去。事后反思，他才发现自己注册的几乎全是垃圾域名。

而后他又发现了一个窍门：域名跟商标一样，每年都要交钱，不交钱会释放出来，别人就可以重新注册。他开始调整策略，抢注那些因为没有续费“掉”出来的好域名，再以一个合理的价钱卖掉。2001年5月他卖出了第一个域名 wanli.com，售价1.2万元，买家是忘了交钱的原注册公司。

问题在于，你怎么知道什么域名在什么时间“掉”出来?

“我们就以 FM365 做例子。这个域名在1999年10月21日注册，联想交了4年的钱，2003年10月21日到期。我们知道联想在2003年初决定放弃门户，所以这个域名不会续费。但域名不是说你今天到期，今天就释放出来的。不同的注册商还有不同的规则，有的一个月才释放，有的要两个月，有的一天，有的七十天，还有的一年也不掉出来。首先你要了解规则。FM365 是在美国的 NSI 注册的，过期时间七十天，所以它应该在2003年的12月29日掉出来。”

最初蔡文胜用土办法追踪域名的注册时间：“理论上在中国只要有流量的网站，我一个一个搜索过去。”后来，他开始在姚劲波创办的域名交易及增值服务网站易域网论坛出没。“一开始谁也不理我，因为我什么都不懂。我就用勤奋来弥补。第一，我把论坛里所有的帖子都看完；第二，我不会打字，只能用写字板发帖，但我发帖量是最大的，每天都发。后来就慢慢成为大家认同的老大。”

在论坛里，蔡文胜认识了一个叫张立的技术人员，当时在武汉一家化工厂上班。他问张立，“你一个月工资多少?”“2000块。”“你到厦门来跟我一起干，我保证你赚5倍，一个月1万块。”一开始张立不太相信，蔡文胜就掏了机票钱让张立飞去厦门找他。结果，张立成了他第一个员工。十五年后，他依然扎根在厦门。

蔡文胜租了一套两室一厅的房子做办公室。张立住在其中一个房间，另一个房间用来办公。蔡文胜能够成为全球顶尖的域名抢注者，张立绝对功不可没。

“我原来是一家一家查，张立说可以把中国商标网的数据扒拉下来导入数据库，不断跟踪。然后，又把中国几千个县市的拼音也导入了数据库。我原来就有这些想法，他用技术帮我实现了。后来我们把全世界所有国家、有名的公司或常用的单词，全部导进了数据库里。”蔡文胜说。

当时国外有网站专卖掉出来的域名的清单，300 美元可以买有 10 万域名的清单。蔡文胜买下清单后会跟大英百科全书以及个人数据库匹配。此外他会把清单拿到域名注册代理网站的数据库去匹配——通常其中有百分之一的域名已经有人预订。然后他再到域名拍卖网站查询价格。最后，集中精力抢注最贵的域名。

现在的问题就是怎么抢注了。

用蔡文胜的话说，当年全球可能有 10 万人知道 FM365 是 2003 年 10 月 21 日到期，但其中知道 12 月 29 日可以重新注册的可能只有 10%，90%的人被淘汰了。但你不可能 12 月 29 日一整天守在那儿，所以必须知道释放的准确时间。注册商 NSI 是在洛杉矶时间中午 12 点也就是北京时间凌晨 4 点更新域名数据的，知道准确时间的人又淘汰了 90%的人。

还有什么办法提高成功概率？有。注册域名要填写姓名、地址、邮箱，一般需要几十秒。蔡文胜会提前写好，时间缩短为 1 秒钟。为了进一步抢时间，他在上海租了一台服务器。“那时候中美电缆有几个出口，我在厦门提交注册，要先经过福州，再经过上海，再经过太平洋电缆传到美国，上网浏览时这个差别是忽略不计的，抢注就不一样了。”后来他干脆改为在洛杉矶租服务器。再后来他发现域名注册到之后可以修改姓名等注册信息，所以一开始提交的时候，他只填姓名 1，地址 1，邮箱 1@1.com，“别人提交的，可能是 200 个字节，而我可能只有 20 个字节，传送起来就快了。”

总之，他自称对抢注流程的细节做了好几十处修改，最后，抢注成功率从十万分之一提高到了 50%以上。

2001 年到 2003 年，蔡文胜注册到了 5000 多个域名，并卖出了其中的 20%。卖出域名同样讲求技巧。“买卖域名一般是从邮件开始，我会查询对方邮箱的后缀是公众账号还是公司账号，买域名的人是否在大城市，是大公司买还是小公司买。”

那时他已是中国最顶尖的域名商人，每年卖出域名的收入就不少于 7 位数。其中最贵的一个是 bionet.com，买家是一家西班牙生物科技公司，出价 120 万美元。

后来，中国互联网络信息中心发展 .cn 域名，推出一元钱注册一个域名的方案，请蔡文胜“带动一下”，他一下子注册了几十万个。第二年价钱涨到 20 元一个。他只好放弃大部分域名，但保留了几千个三字母的“奇货”。

直到现在，仍然经常有陌生人跟蔡文胜联系，商量买卖域名。按他的说法，这个生意一年能为他带来上千万元收入。

召集中国个人站长，哪家强？

在做域名的时候，蔡文胜几乎把中国有流量的网站都搜索了一遍，这个过程使他增长了许多见识。“比如新浪，最早的域名是 srsnet.com，2000 年他们没交钱就掉了。后来用了第二个域名 richwin.com，第三个才是 sina.com。为什么后来我对互联网比较熟？通过域名这个小东西，我能了解互联网生态链。”此外，通过泡 K666 等站长论坛，他知道了很多 NB（网络用语，意为很牛、很厉害）的个人站长。

2003 年，蔡文胜注意到一件很奇怪的事：他名下的网站贵州信息港流量巨大，而其中有一半来自一个叫 hao123 的网站。这个网站很简陋，最大创意是把许多有用网站收集在一个页面上。他马上跟张立说，我们花 100 万把它买下来。张立不以为然，干吗要去买这样的网站？这个太简单了，我帮你做一个，一天就 copy（复制）出来。于是就有了 265.com。

当时，蔡文胜手里攥着许多有价值的域名，例如 tengxun.com、xiecheng.com、wangyi.com、shou.com。其中 shou.com 一天有 10 万流量，“我用它开了邮箱，一天能收 3000 封邮件。那会儿中国网民水平很低，所以大家都搞错，想发搜狐发到我这里来了”。

蔡文胜把这些流量都导到了 265，而网民可以在这里找到想去的网站，265 迅速做起来了，到 2004 年年中，日流量已超过 300 万。不久，IDG 资本主动来找蔡文胜谈投资计划。事实上在此之前，他们先找了流量更大的 hao123（那时 Alexa（一家专门发布网站世界排名的网站）排名为全球 20 多位）的创始人李兴平，因为他不太擅长交流而放弃。

“那会儿见 VC（风险投资）太不容易了，整整兴奋了一个星期，还做了一些功课。我把他们当时那 9 个合伙人的简历，包括投什么项目都了解了一遍，比如周全毕业于中科大少年班，后来在美国拿到了博士学位；过以宏原来在纽约索罗斯基金工作过；王功权当过万通地产的总裁。了解了这些人的背景，再跟他们聊就容易了。”

到了IDG，见到的是过以宏。此时，蔡文胜讲故事的天分大放异彩，“聊得特别开心，他们所有人，包括熊晓鸽都围过来听我讲”。围观“群众”还有偶然来访的薛蛮子和马未都。结果，反倒是薛蛮子先投了他20万美元。

“我最初觉得265非常奇怪，上网为什么要通过它来导航，我直接输入不就行了？其实当时中国大量互联网用户具有‘三低’的特征：低学历、低年龄、低收入，让这些人在键盘上敲yahoo、Google是敲不出来的。我意识到他很有洞察力。”薛蛮子向记者追忆。

IDG也投了100万美元给蔡文胜。用蔡文胜的话说，他打破了IDG的两个纪录，“一个是学历最低，高中没毕业；另一个是没有商业计划书、没有PPT（微软公司的演示文稿）。”拿到投资之后，他将265搬到了北京。

在跟IDG谈的时候，蔡文胜就提出还是应该把hao123买下来，和265合并做大。IDG就把这件事交给他去办。因为跟hao123还存在竞争关系，他没有亲自出面，而是先后委托刘韧、雷军等人跟李兴平谈。当时hao123一年就能赚2000万元，而他只能开出1000万元的价钱，当然不可能谈拢。

2004年8月底，hao123被百度收购。蔡文胜还不死心，开了十个小时的车来到广东兴宁找李兴平，并提议一起再做一个网站——这就是后来的4399小游戏，估值一度高达上百亿元人民币。

265搬到北京之前，蔡文胜已经结识了薛蛮子、刘韧、雷军等投资界、互联网的风云人物；公司搬到北京后，他有了更多与互联网主流人物、公司接触的机会。难得的是，他并没有忘记自己的草根兄弟。

在 265 担任过 COO（首席运营官）、现为明势资本创始人的黄明明告诉我们，那会儿蔡文胜几乎每天都在见互联网一线的个人站长。“其实，今天好多公司的 CEO 或老总都记得南池子那个四合院，每天晚上灯火通明，创业者一拨接一拨来聊天，一天至少聊十几拨人，有时大家还会撞在一起，气氛非常好。而且经常晚上 12 点多，刚刚处理完 265 的业务，其实也蛮累了，有创业者打电话来，文胜还是会让他们过来。”

“文胜跟我说，他对中国排名前几千位的网站，站长是谁、在做什么业务、最初是怎么起家的、流量多大，了如指掌。265 是中国互联网的一个百科网站，而他蔡文胜是百科全书。当时我觉得他在吹牛，很不服气。我周围有一帮聪明人特意去测试他。后来我们一起工作了两年，他说的这些话基本得到了印证。”

2005 年到 2007 年，蔡文胜组织了三届中国互联网站长大会。“我是个人站长，能拿到投资不容易。在中国有很多个人站长做得很好，做出 hao123、FlashGet、暴风影音这种作品，但却没有得到互联网主流的认同。所以我想办一个会，能把个人站长们聚集在一起讨论，怎么跟互联网主流接触。”

仅凭个人站长身份办会议是缺乏号召力的。蔡文胜求助中国互联网协会秘书长黄澄清。“蔡文胜在厦门办会，邀请政府的人去，当时没有人敢去。因为个人网站论坛国家还没放开，属于模糊地带。我跑过去看了看，一帮小孩在那儿搞创业，有大学毕业的，也有没毕业的，没什么嘛。”黄澄清向我们回忆。

2005 年 4 月，第一届站长大会顺利召开。蔡文胜把 150 位左右国内最牛的个人站长请到厦门，路费站长们掏腰包，食宿全部归他管。会开到第三天，他还租了条船，带大家去海上“看看金门”。其中一位“游客”后来撰文回忆，如果那艘船沉没了，中国的流量会少掉一半。

回忆这些往事，令蔡文胜兴奋莫名。他翻出收藏在手机里的照片，“第一届站长大会，周鸿祎和雷军两个肩并肩坐在这里，他们还是好兄弟。周鸿祎当时跟雅虎有点问题，在这里，他认识了一个重庆小孩，做了一个站叫 qihu. com。他很喜欢这个域名——奇虎，骑在老虎头上，所以就收购了这个网站。雷军和网易总编辑李学凌长谈了一个晚上，确定了一件事情：李学凌辞职去创办多玩游戏网，雷军投资。姚劲波那会儿是万网副总裁，参加站长大会坚定了他做 58 的决心。”

“那批个人站长是中国互联网第二波创业高峰的主力。”蔡文胜这么认为，但这也意味着，就在他办站长大会时，个人站长们开始向商业化转型。接受《创业家》采访时他说：“这不是说中国以后就没有站长了，而是说今天个人再重头做一个网站做到全国出名、有几千万用户已经不太可能……”

就他而言，做 265 何尝不是从个人向公司转型的尝试。

2005 年中，蔡文胜迎来薛蛮子、IDG 之后的第 3 位投资者，这位美国客人叫 Google。“Google 在中国投的第一个项目是百度，第二个项目就是 265。它也发现 hao123、265 这种东西对搜索引擎有巨大的贡献。那时候 Google 如日中天，像神一样。客人来看到我有 Google 美国总部的人的名片，都是无比崇拜。”

但 265 始终没能超越 hao123。最后，蔡文胜干脆将它卖给了 Google，据称价格是数千万美元。

在北京漂泊了四年，三四个月才回一趟厦门。“我家里人都在厦门，我觉得应该回家。另外也是对我前面的生涯做一个总结，想往天使投资转型。”265 卖掉之后，他回到厦门。

不成功便掉头的连续创业者

在布置得非常简洁的别墅里，蔡文胜用夹杂浓重口音的福建普通话从容地叙说着他的过往。他是个精于编织经验，不断对生活做出总结，使其为未来所用的人。你甚至可以说他是一个另类的语言大师。

“如果我留在石狮，或许我也会做一个七匹狼出来，但选择今天的路径也挺好的。”在蔡文胜看来，除了有 3 个优点，他还有 1 个缺点，就是不够坚持。“比如 265，如果坚守下去，可能成为一个很大的导航站。为什么我说这是缺点？最终你必须找到一个很重要的东西，一直坚守着把它做到极致。”

蔡文胜 1970 年 1 月出生，老家是福建泉州下辖的县级市石狮——在他出生时还只是晋江县石狮镇。直到三四年前，他还拿着农村户口，因为办美国签证被拒，才改成了厦门户口。

“我们村有 3000 多人，我爸爸家非常穷，8 个兄弟姐妹。整个晋江全都是华侨家庭，我爸爸家族不是。他有一个叔叔去了菲律宾，没有回来，就不敢再去了。”

父亲读书读到高中，在那时候也算是高学历，而后便去当了兵。复员之后他有了一份月收入 30 多元的体面工作。然后他干了一件在家乡引起轰动的事情：娶了一位菲律宾华侨的女儿，她比他小了 13 岁。在蔡文胜记忆中，父亲一直努力想发财。他把同事多余的粮票，卖给了村里有钱的华侨。在那个年代这已经够得上投机倒把罪了。虽然最终并没有被判刑，但父亲得上缴3000多元的罚款。

当时这是一个天文数字，无疑只能由母亲家帮忙解决。父亲人是放出来了，工作却也丢了，整个家庭的经济状况由小康陷入困顿。但父亲几乎没有抱怨过什么。为了养活家人，他可以去山上偷地瓜，去公家的池塘偷鱼。乐观、勇于尝试新生事物——这是父亲教给蔡文胜的。

少年时代，蔡文胜捡过牛粪，种过地，卖过冰棍，“多能鄙事”。据说，当时他书读得不错，但只读到高一就辍学，原因之一是“我们那边开始好赚钱，听说很多人摆地摊，一天可以赚二三十块，就晃动了”。

但他并非读书无用论者。“国外老是说比尔·盖茨这些人，国内就老说我，高中没毕业就能做大事。这是不对的。一个人要成功必须得有知识，但知识不一定要在学校学。我没有受过多少正规教育，做一些尝试反而更大胆。”

采访中途，蔡文胜的女儿也来到别墅。他把女儿叫了过来，满脸笑意地说，现在她在哥伦比亚大学读经济学，是他的骄傲之一。“她的成绩特别好，基本上每个阶段都是学校最优秀的。女儿帮我证明了，我蔡文胜不是不会读书，只是当时的条件不允许而已。”

1985年，15岁的蔡文胜开始第一次商业冒险时，家里人念叨了几句，但并没有怎么反对，他的500元启动资金还是父亲借给他的——当时父亲开了一个手工作坊，也能挣到一些钱。在福建晋江，少年从商并不是什么特别稀罕的事。和蔡文胜同龄的安踏CEO丁志忠，就是在初中毕业后开始闯荡江湖。

蔡文胜的生意从摆地摊开始，卖点计算器、打火机、口红。而后，他就开始展现出随机应变的本领：邓丽君、刘文正风行，就卖翻版磁带，用他的话说，“中国流行音乐事业我推广有份”；1988 年，石狮升格为县级市，父亲开始做房地产，他卖水泥，做水电安装。1990 年代初，是开服装厂服装店。1992 年邓小平发表南方谈话，随后全国各地都开始搞开发区，“我胆子大，就想跟人合作开发一个看看”。这次他遭遇了彻底的失败。1993 年中央开始加强宏观调控，他前几年赚的钱全赔了进去。

1989、1990 那两年，蔡文胜买过两辆摩托车，一辆一万五，一辆两万——算是奖赏自己。他一个人开着摩托车去过广东广西，因为“很想去看看外面的世界”。现在，他要去更远的地方了。

把烂尾楼抵押给债主后，1994 年，他远走菲律宾。“外公、舅舅都在菲律宾，条件不错。他们不住马尼拉，自己在乡下有岛，我这个人比较倔，不想靠他们，就找了个月租 300 元人民币的房子，只有一个房间。”

二十年过去，从石狮到菲律宾，从菲律宾到厦门，从厦门到北京，再从北京回到厦门。转了一大圈，外面的世界看了不少，在偏重实业的家乡商人中，蔡文胜是一个异类、一个互联网连续创业者。

专注于天使投资的计划，只能算实现一半。2008 年回到厦门时，做域名的公司已经有 38 个人了，总经理是张立，副总经理是吴欣鸿，一共做了十几个项目。蔡文胜觉得不对劲，“平均两个人管一个项目，怎么可能做大?”在和张立、吴欣鸿商量后他放弃大部分项目，包括流量很大的火星文，主攻傻瓜型 Photoshop（一款图像处理软件），这就是后来的美图秀秀。

“我让吴欣鸿来做，38 个人，你把你觉得最好的挑走，独立出去做美图秀秀。张立从剩下的20个人里挑了10个，做欣欣旅游。另外10个员工我把他们劝退，给他们比较高的补偿。这两个项目不算是天使投资，是自己的团队孵化出来的。”

2014年10月，欣欣旅游以1.95亿元的价格出售65%的股份。而美图对蔡文胜的价值远不止此。

在美图秀秀上线时，市场上已经有光影魔术手和可牛影像等同类产品。光影魔术手批量处理图片的功能很强大，可牛影像则可以轻松制作支持多图的场景，二者都有不错的市场占有率。2010年，美图专注微博营销，暂停在各大论坛、百度贴吧、百度知道等渠道的推广。这是步险棋，但事实证明微博营销是正确选择，美图秀秀的市场份额随后持续增长，到2012年已经后来居上、一枝独秀。

从《华尔街日报》的一篇报道，我们可以一窥美图秀秀无远弗届的影响力。

2013年12月3日，和马云会面后，英国首相卡梅伦将两人的自拍大头照传上了Twitter（推特）。这张照片惨遭网友吐槽：“别再使用‘自拍’这个词了。可怕，可怕，太可怕了。”《华尔街日报》宣称，凡是看到过这张照片的人都会对修饰照片的重要性深有体会。卡梅伦若想靠自拍吸引选民而不弄巧成拙，也许可以考虑见见美图秀秀公司的拥有者，借助其图片处理功能，卡梅伦也许能看上去减轻20磅体重，改善妆容，甚至换一个显得年轻的发型。

在此之前半年多，“低调了足够长时间”的蔡文胜亲自出任美图公司董事长。5月，美图在北京798艺术区举行发布会，推出拥有800万像素前置摄像头、主打自拍功能的MeituKiss手机。他在现场做了一次高调演讲。一年之后，美图推出的十秒钟短视频app美拍，发布当月成为苹果商店下载量全球第一的非游戏类应用。

“现在才八九个月，美拍已经有一个亿用户，是目前为止最快到一亿用户的。Facebook（脸书）花了四年时间，才达到一亿用户，微信是用了十四个月。”蔡文胜不无得意。“我们现在有7亿（包括美图秀秀等在内）移动端用户。美图公司2014年才开始做A轮B轮的融资，估值已经涨到100亿元人民币以上。”

“我现在出任美图董事长，有一点像雷军去创建小米。这样一来，我80%的精力可能都会放在美图上。因为我觉得它的发展空间很大，是一个不单单能让十几亿中国人用，甚至能让全世界人用的产品。不过，我们的商业模式还没有完全建立起来。”

蔡文胜对产品的认识和硅谷创业教父、Y Combinator（美国著名创业孵化器）创始人保罗·格雷厄姆的理解非常相似。格雷厄姆曾说：“创业就像物理学一样毫无人情味，你必须生产人们有需求的产品，公司的繁荣在满足这一点之后才有可能实现。”而蔡文胜最擅长的就是用最简单直接的方式满足用户需求。

他仍然保持着许多过去的习惯，比如一天工作十多个小时，比如会见创业者。跟那些已经封神的互联网大佬相比，他无疑很接地气。我们的采访开始前，他刚见了一个做卫星CPU（中央处理器）的“90后”创业者郑刚——移动互联网时代的到来令他迷失了方向。蔡文胜建议他研究移动端排名前20的APP，看是谁在做、耗费了多少时间、优点和缺点是什么。研究完了，自然知道应该做什么。他信奉“一万小时定律”。

不过，人生也在不断变化，比如他的偶像。小时候的偶像李小龙；1980年代末、1990年代初做各种生意，偶像是李嘉诚；刚接触互联网时，对他影响最大的是雅虎的杨致远；现在，据说他的偶像是巴菲特。

在薛蛮子看来，蔡文胜是那种有野心的人，而他目前的成就远不能承载他的野心。蔡文胜本人如何评价自己？他这样回答，“人生很长，还没到盖棺定论的时候。”

（感谢方兴东先生与互联网实验室《口述历史》项目）

“蔡文胜系”的企业

公司名称	经营范围	关联信息
厦门隆领投资管理	投资管理	蔡文胜控制
厦门隆领投资合伙	股权投资	蔡文胜夫妇控制
云游控股	游戏研发商、发行商	蔡文胜夫妇有重大影响
厦门美图网	美图秀秀等软件开发	蔡文胜控制
厦门美图移动	运营	蔡文胜控制并担任董事长
北京酷热	美图手机的销售	蔡文胜有重大影响
北京能动	技术开发	通过隆领合伙间接控制
厦门海峡世纪	移动应用	通过隆领合伙间接控制
北京至美	网站运营	通过隆领合伙间接控制
苏州至美	电子杂志发行	通过隆领合伙间接控制
厦门欣欣	电子杂志发行	通过隆领合伙有重大影响
厦门飞博共创	旅游电子商务	通过隆领合伙有重大影响
厦门享联	微博传媒运营	通过隆领合伙有重大影响
厦门易名	网站运营	通过隆领合伙有重大影响
厦门光环	域名投资、销售与管理	通过隆领合伙有重大影响
厦门同步	网页游戏	蔡文胜担任董事
北京大杰致远	移动应用、手机管理	蔡文胜担任董事
Baolink（BVI）	大街网（招聘网站）	蔡文胜妻子王宝珊控制
Longling Capital Ltd	股权投资	蔡文胜妻弟王宝灿控制

蔡文胜投资的知名项目

项目名称	创始人	经营范围	投资时间
网际快车	侯延堂	软件服务	不详
优化大师	鲁锦	软件服务	不详
站长之家	姚剑军	网络技术服务	不详
ZCOM	汪东风	电子杂志	不详
4399 （联合创始人）	蔡文胜、 李兴平	网络游戏	2004 年
大旗网	王定标	社会化媒体	2005 年
58 同城	姚劲波	分类信息网站	2005 年
暴风影音	冯鑫	软件服务	2005 年
寻医问药网	郑早明	在线医疗	2007 年
TTG（淘淘谷）	熊科淼	电子优惠券	2008 年
安卓优化大师	苏光升	手机软件	2010 年
卓大师	苏光升、 肖文峰	手机软件	2010 年
飞博共创	伊光旭	社会化媒体	2010 年
同步网络	熊俊	网络工具	2011 年

（2015 年第 1 期）

俞敏洪的新合伙人

两位老搭档以成功天使投资人身份示人时，俞敏洪找到了昔日投行大佬盛希泰切入这一热得烫手的领域。两位"新人"能玩出花样来吗？

文_卜祥　编辑_商思林

2013年9月的一个早晨，盛希泰在中国大饭店打算和一个朋友一起吃早饭，他的朋友要赶早上飞机。在大厅里，盛希泰被一个叫姜华的年轻人叫住。姜华正和几个人聊投资的事。在这之前，盛希泰和姜华见过一面，没聊过事。盛希泰礼节性地和他们寒暄了一会儿，打算离开时，姜华忽然站起来以一个武者的姿态双手抱拳向盛希泰说："盛总，可否借一步说话。"

接下来，两人聊了不到半小时。三天后，盛希泰投资的钱到了姜华公司账户。十四个月后，姜华的自由搏击品牌昆仑决引入最新一轮资本融资后，估值1.5亿美元。

“这是我第一次体会到当天使投资人的那种成就感。”事过一年多，2014 年 11 月，面对《财经天下》周刊记者，戴着眼镜、表情严肃的盛希泰说到这里时身体兴奋地从座椅上抬起来，又坐回去。

在此之前，盛希泰是华泰联合证券董事长，从业期间看过 2000 家公司，为中联重科、蓝色光标等几十家公司做过 IPO（首次公开募股），被称为投行大佬。不过，盛希泰更多地将以上工作看作锦上添花。

第一次实实在在地亲历昆仑决从无到有，由小到大的过程后，盛希泰的方向清晰起来——转身做天使投资人，成批地复制姜华。

做天使的想法在新东方创始人俞敏洪那里得到了回应。俞敏洪和盛希泰，一个是一线企业家、一个是投行资深从业者，两人在各自行业里积累了丰富经验，具有很强互补性。两者合作，正可以适应国内天使投资出现的新趋势，天使投资将更多和 A 轮叠加、合并，这意味着以后天使投资中机构投资将是主流，合投时代已来临。

当这两个人决定做天使投资的消息传出后，送钱当 LP（有限合伙人，出钱，不参与具体投资）的人不少，华谊王中军、蒙牛创始人牛根生等都在其列。最终，洪泰基金审慎地将一期规模限定在 2 亿元，预计可以投两年。

2014 年 11 月 26 日，北京 CBD（中央商务区）银泰中心，从俞敏洪和盛希泰名字中各取一个字命名的洪泰基金正式宣告成立。投资界大佬 IDG 熊晓鸽、软银赛富阎焱都来捧场。走到哪里都能带去欢声笑语的徐小平在这次发布会上打定主意不抢风头，只配合照相，给足面子。

大佬拥抱年轻人

在新东方董事长位子上，俞敏洪一直保持着和年轻人面对面沟通的习惯，他每年去全国各地高校演讲已经很多年，树立起了青年导师的形象。从给年轻人做英语培训起家，俞敏洪对年轻人的心态把握非常准确，他演讲中的高频词是梦想、绝望、希望和人生。2014 年 11 月 26 日的演讲，俞敏洪以一贯的幽默风格调侃："将来，我希望来到我墓前看我的人，不是徐小平，而是年轻人。"

年轻人在互联网教育领域的创业项目，确实在不断地挑战新东方树立起来的传统线下英语培训模式。像沪江网、51Talk、100 教育和一起作业网等在线教育机构都由年轻人创立，以自己的方式和传统线下英语培训说再见。更重要的是，其中一些人正是从新东方出来的，比如一起作业网的刘畅，创业前是新东方沈阳学校校长。

"如果有一个创业公司具有颠覆新东方的基因，你会投吗?" 11 月 26 日新闻发布会上，俞敏洪听到这个问题后说，"投，一定会投。与其被别人革命，不如自己来革命。"

新东方内部一直在寻找突破自我、迎合互联网潮流的措施，最近发展快速的新东方乐词网让俞敏洪更加相信年轻人。1992 年 3 月出生、高中肄业的衣鹏飞上任乐词 CEO 之后，"乐词用户每天涨 10 万左右。"俞敏洪说，年轻人知道年轻用户的习惯，这点很重要。

实际上，据一位跟随俞敏洪几次去山东的记者介绍，俞敏洪这两年常给中小企业做演讲和培训，试图搭建一个连接创业者、中小企业主之间的社交网络，而筹备天使基金是这一系列活动的延续。

用理想激发年轻人，用创业目标指引年轻人，再搭建一个基金平台给些银子帮年轻人上路，没准会发现一个“90后”俞敏洪、“90后”马云。做天使充满无限想象空间。

有市值30多亿美元的新东方要管理，俞敏洪很清楚自己在洪泰基金中的优势，“是对年轻人的影响力和号召力”。基金日常工作由盛希泰主持。“他（俞敏洪）的时间分三份，一份给新东方，一份做社会活动家，另外一份，留给洪泰基金。”盛希泰说。

昔日投行身份，如今进入天使，需要盛希泰调整的地方很多。前些年，盛希泰听到别人做天使，并递过来名片时，“说实话，我都有点爱理不理。天使太草根了。”盛希泰说，当时受推崇的是PE（狭义的股权股资）和VC（风险投资），天使基本等于穷投资人，形象低端。

他印象中最早接触的天使投资人是杨宁。杨宁是徐小平带去的中国青年天使会会长。杨宁成立天使投资基金的时候，盛希泰成为其GP（一般合伙人，承担债务责任）中的一个，帮忙找了一些钱。“但那时我对天使没有投资概念，没有太多参与。”盛希泰说。

2011年底，盛希泰逐渐离开华泰联合证券，2012年开始正式将自己放空，“这段时间经历了复杂的心路历程”。盛希泰说，离开华泰，他想尝试一种新活法。在投资行业做了二十年，他已经有了倦怠感，即便换个大点的证券公司，“对我来说，就是大馒头和小馒头的区别”。

天使＋

盛希泰休息的两年多时间里，牛文文创建的黑马营和黑马大赛一年比一年火，天使投资人徐小平越来越忙，李开复的创新工场继续发展，甚至中关村出现了政府专门命名的创业大街，这些无不意味着创业成为当前大热门。创业背后的资本支持形式之一天使投资由边缘完成至主流的转变，越来越火爆。

到 9 月份，今年投了 45 家公司的经纬创投合伙人张颖甚至认为创投圈正在变得无比疯狂。融资额屡创新高、公司估值和上市行情节节攀升。尤其是阿里巴巴在美国成功上市后，张颖提醒所投公司的 CEO 们注意火热行情背后的另一面，市场正从“贪婪”转向“恐惧”。

据盛希泰获得的数据，平均单个创业项目融资金额提高了三倍，之前只需要 30 万的，现在提高到 100 万。天使成本增高，压力更大了。

但是，投行出身、对政策敏感的盛希泰从李克强释放的信号中嗅出做天使还不晚，“一个大国总理在三个月里三次讲到创业，其中一次在天津达沃斯论坛，半小时讲话，提‘创业’达到 10 次。这在以前是不可想象的。”盛希泰分析。

美国有 25.8 万名天使，在中国最多只有几千人。2013 年，全中国的天使投资总额是 10 亿元人民币，投了 300 多个项目。美国这个数字是 200 多亿美元，投资项目达 6 万个。

身边所见所闻让盛希泰坚信创业黄金时代正来临。11 月，盛希泰在北大光华一个庆典上做有关创业方面的演讲，演讲厅只能容纳 400 人，结果报名 1800 人。在首都体育馆旁边附楼里，盛希泰有一个最多可容纳 50 人的会议室。每周二和周四，南开允能创业商学院在这里探讨创业机会，分享创业经验。11 月 25 日，《财经天下》周刊记者来到这里，看到屋里塞进了近 100 人，加的椅子排到了门口。

创业浪潮激荡，盛希泰对创业非常热心，看到本刊《财经天下》周刊名字，几次劝本刊改名《创业天下》。

在盛希泰看来，昆仑决短短十一个月崛起，成为和老牌格斗节目

《武林风》相提并论的赛事，不是偶然。昆仑决项目是盛希泰“对天使项目领悟的开始”。结合昆仑决投资实践，盛希泰提出了天使加（angel plus）的方法论，并希望以此构建洪泰的一套投资哲学。

首先是把自己加进去。盛希泰投资姜华后，不是放任不管，也不是全盘接手。他审慎地保持着距离，成为联合创始人，快速地给姜华的公司提供资源和帮助，从办公场地到对接更多投资，IDG和真格基金相继进入。

更重要的是第二点，根据自己的经验和开阔视野，盛希泰帮助昆仑决在定位上提升，使昆仑决成为格斗界的世界杯。全国人民在富裕之后，尚武精神在觉醒。如果定位太低，无法与同类别比赛相区别，办成国际化高端赛事，向美国UFC（终极格斗冠军赛）看齐机会更大。UFC是目前世界上顶级的职业MMA（综合格斗）赛事，每年举办超过20期按次付费的比赛直播。

创始人姜华估算昆仑决可以做到100亿元人民币市值，盛希泰对此进行了大胆的修正。他算了一笔账，美国3亿人口，UFC可以做到38亿美元，中国人口是美国的4倍多，以此对标，昆仑决做好了可以达100亿美元。这个数字是昆仑决运作团队之前想都不敢想的。

目标具体如何达到，昆仑决融资过程遵循的是盛希泰所定的策略，“小步快跑，三个月重估一次”。盛希泰认为创业公司融资时不要太过浮躁，不要指望一步到位，一些创业公司往往易犯这样的错误，以一年甚至几年后的可能业绩来谈融资，很多公司没有熬到那个时候就死掉了。

2014年元月，在泰国举行第一场昆仑决比赛。青海卫视周日晚22：30播出后，波澜不惊。第二场比赛，昆仑决通过与武林风合作，扫清落地国内的审批障碍，作为合作条件之一，比赛费用都由昆仑决支付。

第二场比赛火爆异常，搏击爱好者一下子知道了昆仑决，很多人成为昆仑决粉丝。昆仑决打开了局面。

“没有他，就没有今天的昆仑决。”无论是姜华，还是昆仑决当家拳王杨建平，都这样评价盛希泰。幸运之处在于，2014 年国家体育产业政策的出台和大型赛事的审批放开，昆仑决提前一年卡住位。

2014 年 11 月 16 日，在全国收视率排名中，昆仑决冲到第二名，仅次于《非诚勿扰》。现在，昆仑决通过连续 18 场比赛，聚集了上千万粉丝。蒙牛乳业看中其粉丝影响力，与昆仑决合作推出一款高端极致牛奶 M—PLUS，顺畅地实现了昆仑决与快消品大公司的首次合作，打开了商业想象空间。

2015 年元月，昆仑决将登陆江苏卫视。盛希泰下一步想提升昆仑决的神圣仪式感，从青海昆仑山取火到比赛现场。

搏击爱好者

洪泰基金将聚焦在三个方面：一是跟吃喝玩乐相关的大消费领域；二是大健康和教育相关的项目；三是移动互联网能够颠覆的所有领域。一位要求匿名的洪泰基金 LP（有限合伙人）表示这些领域一直都是天使投资热门领域，无论是做教育的俞敏洪，还是做投行的盛希泰并不具备特别优势。

洪泰基金如何避免滑铁卢？洪泰基金这位 LP 向《财经天下》周刊记者提出了这个有挑战性的问题。

做天使之前，盛希泰和俞敏洪都在自己的领域做出了不错的成绩，但是，转行做天使，陌生领域里有新玩法，谁也不敢打保票一定可以成功。

很多事情等着盛希泰用成绩去证明。

2014 年 11 月 26 日洪泰基金发布会之后，盛希泰的生活节奏更快了。几天时间里，他先后去了天津、武汉、深圳和杭州，演讲、会客、见创业者。12 月 5 日，记者再次在北京首都体育馆见到盛希泰，他看上去有点疲惫，刚从杭州出差回来，“一天要见十几拨人，看五六家公司。”他说。

作为南开大学校友，盛希泰同时担任了南开允能创业商学院理事长。他还在清华大学水木清华校友种子基金担任职务。盛希泰正通过这类行动编织洪泰基金抵达最前沿、最优秀创业者的神经网络。他在有意识地布局一个投资生态环境。

具体投资层面上，天使轮投资在一定程度上是投人，盛希泰对这点的认识和他的“良师益友”徐小平相同。经历早期摸索之后，徐小平已经不满足于投创始人，他甚至开始有意识地把认为合适的人才整合到合适的创业公司里，实现被动投人到主动投人的转变。比如，他把何搏飞调配到格灵深瞳和其创始人赵勇做搭档。

盛希泰做这些事时，闪现出他攻击性那一面。所投的一家创业公司因为创始人股权均分，互相牵制而不能形成决策，公司发展陷入扯皮阶段。盛希泰采取了“杯水释股权”的方法，重新调整了股权结构。

另外一家深圳做电商地推的创业公司，创始人拿到一轮天使后，关注再融资胜过了关注公司产品和服务，“他一直在不同的投资公司间游走，想寻找一个更高的报价”。盛希泰找到了这个创始人，严肃地提出警告，让他马上回深圳。“三个月内不要让我再看到你乱晃。”盛希泰和对方说。有过去的投行经历作为积累，盛希泰往往能很快发现创业公司中的问题，并给出改变方案，往往，创业者都很服气。

投资昆仑决之后，盛希泰多了一个新爱好。周末有空，他会换上拳手们专用的短袖和短裤，去训练馆里和自由搏击冠军杨建平一起练几下搏击。杨建平像对待一个家族长辈那样尊敬盛希泰，如果发现盛希泰穿的衣服过紧，杨建平会飞快地去取一件合适的衣服，这时候的他完全不像一个世界冠军，倒像一个标准服务生。

盛希泰对杨建平待人接物的分寸感非常赞赏。“未来会培养他成为高管。”盛希泰对《财经天下》周刊记者说。

他觉得杨建平不仅仅是一个反应迅速、力量奇大的武者，而且是一个会用脑子打拳的人。“他要创业，我肯定投。”盛希泰说。

12 月 5 日，在搏击训练馆里，他端起拳头，摆出搏击的基本架势对《财经天下》周刊记者说：“拳手双手护住头部时，包括出拳前，双手并没有紧握起来，一直紧握会空耗力气，只有打击对手时拳头才会紧握。做公司也是一样，放松时兼容并包学习可以，但是必须要知道什么时候出拳，拳头必须要攥硬，很多创业者不知道这一点。”

说完，他打出一记刺拳。

(2014 年第 25 期)

刘东华：从“关系”到社交网络

封闭式、高门槛、收费制、树标杆，种种反互联网思维之举，却让刘东华建立了一个令人惊叹的商业明星版 LinkedIn。

文_**薛芳**　编辑_**施雨华**

北京马可波罗酒店咖啡厅里，吉利汽车董事长李书福、龙湖地产董事局主席吴亚军、中坤集团董事长黄怒波等企业家围坐一处，倾听着一位光头男士宣讲自己即将开始的创业蓝图。咖啡一杯接一杯，听的人变得脸红心跳。主讲人眉飞色舞，声音也越来越高，讲到动情处，唾沫星子落到坐在一旁的黄怒波手上。黄怒波不时提醒：“东华，声音小点，再小点。”趁着续咖啡的间隙，他找了一个不被人注意的角落，悄悄擦掉了手上的唾沫星子。

李书福当场就直截了当地说，他看不清楚刘东华——那位主讲者——到底想做些什么。刘东华回答：“你看不清楚太正常了。十几年前你刚做汽车的时候，那么传统的行业，谁能像你一样看得那么清楚？

当时对你最高的评价就是书福精神可嘉，内心觉得你是个‘傻逼’。”

彼时，刘东华正处于自己职业生涯的关键抉择时刻，在此之前的长达十四年的时间里，他一手缔造了中国企业家阶层最为认可的杂志《中国企业家》，并以此为基础建立了一个非常紧密的中国企业家俱乐部，它的核心成员囊括了柳传志、王石等几乎所有中国重量级商人领袖。而他决定从这个平台退出，去做一个充分体现自己意愿和产权的创业项目——也就是后来的“正和岛”。他要做的，简单讲就是一个聚焦在高端企业家群体的 LinkedIn，只不过它是封闭的社交系统，要求企业会员年营收超 1 亿元，“入岛”还要缴纳会费。

刘东华显然没有得到他的企业家朋友们足够正面的反馈。黄怒波也表示没太听明白刘东华讲的故事。2010 年下半年，许多人都听过这个故事，10 个有 9 个没太听明白。“大家都说一听就知道东华不懂互联网。互联网就是去门槛、去边界、去中心、去权威、草根、免费。你的正和岛怎么倒要设门槛、建标准，而且要收费，跟大家原来熟悉的互联网的基本特点都是冲突的。”刘东华说。

四年之后，正和岛创始人兼首席架构师刘东华不再需要为自己有没有互联网思维辩护。很多企业家对自己正和岛“岛邻”的身份引以为傲。它甚至从一贯隐秘的小圈子里跳了出来——引发社会广泛讨论的柳传志“在商言商论”最早出自正和岛内部论坛。而特斯拉入华时，正和岛某个社区团购 200 辆的豪举更是让其成为社会新闻的主角。

刘东华成功地让那些跟互联网最疏远、最害怕互联网的成功者来到了他的网络社交平台，使用互联网、移动互联网的方式互联、互动。“你想普通人互动都有那么大的价值，那些巨人如果能互联、互动，会有多大的价值！”

中国商界第一高端人脉与网络社交平台，这是刘东华对正和岛的定位。

他曾用十四年时间，把《中国企业家》杂志的理事会员发展到300多名；用八年时间，把中国企业家俱乐部的会员发展到50多名；现在，仅仅用三年时间，正和岛就已经拥有了近4000名“岛邻”。“前年开始，就有朋友说，东华，你这个模式好。当然另外一种说法是，这个模式是好，一般人也学不了，门槛太高。更多人开始关心，正和岛打算怎么挣钱?”他自己反倒觉得正和岛被大家接受得太快了。

企业家的“自己人”

1999年8月20日，纽约曼哈顿，《财富》杂志总编约翰·休伊会见了一位来自中国的客人——当时36岁、接手办《中国企业家》刚刚满三年的刘东华。跟年长15岁的休伊相比，他仍然只是一个无名之辈；而跟全美最重要的商业杂志之一《财富》相比，《中国企业家》也只能算是一个不成气候的后来者。1996年，《财富》因为执意刊登关于IBM掌门人郭士纳的报道失去了IBM 500万美元的广告费，这个数字超过《中国企业家》当时一整年的收入。

两人聊了许多与新闻、媒体息息相关的话题，但在刘东华脑海中刻下最深印痕的却是休伊那句冒着寒气的话：“全球500强的CEO，很多都是我的好朋友，但是只要我一离开《财富》杂志，他们会立即扔掉我的电话号码。”刘东华明白休伊是说，那些商界巨人认的是《财富》的品牌和平台，而不是他这个人。

不管辞职那天他有没有想起休伊的话来，事实却是，辞职的消息传播开后，他接到了无数电话、短信，柳传志、马云、李书福等人亲自打来问候和鼓励的电话，张瑞敏闻讯当天就发去了祝福信函。显然朋友们并没有扔掉他的电话号码。非但如此，这些重量级人物后来还"把手机号交给你，让你通过手机为他提供各种服务"。

刘东华坦然承认，他最大的优势，就是过去和中国企业家这个群体中金字塔塔尖人物积累的信任关系。在一次活动中，当他走近当时的招商银行行长马蔚华时，后者向他介绍站在自己身旁的人："这位是我的好朋友。""那我呢？"他调侃道。"东华是自己人。"马蔚华笑着对朋友说。

有意思的是，去年当正和岛要成立联合投资基金时，马蔚华出任了正和岛联合投资基金战略委员会主席，成了刘东华的"自己人"。

一个经常被提起的问题是：财富英雄们为什么相信刘东华？无数人问过刘东华，你是如何经营人脉的？他总是回答，他从来都没有刻意做过什么，谈不上"经营"二字。

1990年，刘东华进入《经济日报》评论部，两年之后，创办了民营经济专版。这位年轻人很快显现出他的社交能力。他和全国工商联一起办了一个评选活动，每年在中国寻找100家优秀民营企业，然后从中评选出10家最佳公司。他就这样结识了一批中国最早的民营企业家。1996年，刘东华接任《中国企业家》杂志总编辑。在他看来，政治家指明方向，企业家开辟道路。一个国家的竞争力由经济强弱决定，经济的强弱视乎该国公司的竞争力，而公司的竞争力取决于企业家。因此，优秀的企业家，是一个国家最稀缺、也最需要保护的群体。

三年之后，柳传志与倪光南的多年恩怨以后者的被解聘告终，《中国企业家》做出了倾向于倪光南的报道，刘东华却问："柳传志心疼并不真正属于他的联想，谁在心疼柳传志？"可能正是这一问，打动柳传志主动约刘东华见面。这是他们第一次单独吃饭，随之而来的，是两人至今十多年的友谊。

2002 年，刘东华开始举办“中国企业领袖年会”活动，2006 年，他又创办了非营利机构“中国企业家俱乐部”。有人把他的这两个举动解读为营造民营企业家“命运共同体”，一位杂志社的同事甚至戏言：你这是要做中国商界的骷髅会。

程虹，刘东华在中国企业家俱乐部的老部下说，刘东华做俱乐部是源于他对这个人群的理解，“成功的企业家人群其实是孤独的，对彼此有需求的”。企业家们需要私密聚会。“领袖年会嘉宾在台上讲什么当然很重要，但我会看到他们在贵宾休息室和餐厅内讨论时的热情。”正如刘东华所料想的，一个活动和一个组织，提供了媒体所提供不了的东西。它们更好地把企业家们团结了起来。

但刘东华没有放弃媒体人甚至理想主义者的立场，“如果说就是为他们服务，那我显然没有那么大的动力，对我来讲，更重要的是如何让这些企业界的代表人物，为整个商界乃至为整个社会的进步，整体上做出一些什么。他们要主动站出来，塑造一个真正市场型的企业家的集体人格，就是中国企业家到底是什么样的人。因为这个社会充满了对他们的误解、误读以至误伤，他们有责任告诉这个社会，中国民营企业家的主流是什么样的。”

而他的不急功近利，使他在企业家们面前保持了尊严和自信。中国企业家俱乐部后来发展到 50 多个会员，每个会员入会的门槛长到了 260 万元人民币，但这个组织从成立之初就定下永不分红的规则，他自己更未从中支取任何报酬，连他自己都觉得“在境界上还挺‘牛逼’的”。

到此为止，刘东华做的还是基于传统媒体和线下活动的企业家社交平台。但1999年互联网大潮刚刚席卷中国时，刘东华就开始琢磨未来互联网会在人们的生活中扮演什么角色。2003年创立的LinkedIn在某种程度上向他展示了互联网如何改变传统社交组织。

LinkedIn是全球最大的商务社交网站，于2003年上线，2011年在纽约证券交易所上市，目前市值约为240亿美元。根据美国马萨诸塞州立大学2013年的调查，LinkedIn已超越Facebook，成为大公司最常用的社交媒体工具。其创始人里德·霍夫曼本人尽管不喜欢“经营人脉”这个概念，却是名副其实的“硅谷人脉王”。

有趣的是在向来以追随见长的中国互联网业，虽有不少LinkedIn的模仿者，却大多徒有其表，没有形成一家商业上成功的公司。资深IT评论员洪波认为，在中国要将LinkedIn模式做起来，必须遏制贪大求全的冲动，从成熟行业慢慢做起，为用户的职业发展服务，而不是为营销目的服务。过分鼓励用户扩展人脉，将对高端用户形成骚扰，导致职业社交的基础被破坏。

而刘东华想做的，正是迄今为止全球还没有人做成的专注高端人群的社交网络。它有非常难以达成的前提，但对他来讲，这个前提却早在无意中准备好了。那就是中国企业家人群对他的高度信任、他和他们多年建立的深度默契的关系。

做一个样板

在正式做正和岛之前，刘东华有两个基本的人生选择。一个选择是做“布道者”，他想组建一个人类共同价值观课题组，等共同价值观形成之后，再做地球村村民公约，然后就去推广和传播这些东西。另一个选择是基于他对生命、对世界、对未来的基本理解，创造一个模型，把他认为对的东西做成一个样板，同时去发现那些朝这个方向努力的人，让更多的人加入进来。

后来觉得，第一条路是无须走的——人类的古圣先贤几乎把基本的道理说完了，现存的只不过是各个变种。今天的人类离那些对的东西越来越远，你再去说有什么用呢？离掌控现实世界的力量有十万八千里。“如果你有能力，不但要看到，还要做到。所以我选择第二条路。”

换句话说，他把正和岛当作他的样板。最初，他甚至想为新公司取名“理想国”，可惜已被人注册了。在微博上，他解释过为什么取名“正和”：“正和”在博弈论里是相对于“负和”“零和”说的，人们常嘲笑“零和游戏”，其实最惨的是“负和”，即杀敌一千、自伤八百，赢家也是输家。“正和”则是游戏各方互利共赢的意思，正和岛的使命，是通过互联网建立并经营标准，努力让创造与分享成为社会的主流。

刘东华开玩笑说，企业家们未来有两件事是必须亲自做的，一件事是做爱，另一件事就是上正和岛。企业家群体对他的信任，使正和岛成功走出了第一步，但要让人养成上岛习惯，他必须提供好的产品。有人建议刘东华以高出一倍的价钱到互联网公司去挖人，组一个明星产品团队。他不同意，认为初创团队不能老想着用更多的钱、更多的人来解决问题。

后来他告诉媒体，他们自己对互联网不够了解，没有很快找到懂企业家的互联网人才，不得不咽下了苦果。2011 年 12 月 29 日原本是正和岛的上线庆典，后来改成试运行仪式，就是因为正和岛的互联网产品还没有做好。“英雄帖已经印好，准备喝酒的人也即将上门，但最核心的武功还需要几个月才能练好。”正和岛的一位员工调侃道。

2012年初，刘东华重新组建技术团队，重新设计网络社交产品。2012年2月，现任正和岛旗下新锐企业家社交平台“WE+”CEO的王祺加盟正和岛。他曾是新浪微博开发团队的骨干成员。所以，正和岛线上产品的功能起初与微博比较接近，后来又整合了微信的功能。另一部分近似一个小门户网站，设置了宏观、商业、人物、生活几大频道。企业家们可以通过网站、短信、移动客户端等方式出现在正和岛。

此前不久，黄丽陆加盟了正和岛，担任总裁，此前他是《中国企业家》杂志的总编辑。他过去的时候，正和岛的员工只有几十个人。摆在他面前的棘手问题是，正和岛快上线了，但还只有几百个会员。凭自己过去在《中国企业家》的积累，黄丽陆一个个打电话。一个月的时间里，又有200多位企业家成为正和岛会员。

连柳传志都跟刘东华开起了玩笑：“我也挺佩服东华的，还没正式开始就已经有那么多人把钱给交上来了。”柳传志也曾怀疑刘东华这个新事业的商业模式，后来却释然了：自己当年做联想，有相当长一段时间，真正相信联想未来的只有自己一个人。他是正和岛第一位“岛邻”，在岛上的“地址”是“北京路1号”。

2012年6月1日，正和岛结束试运行，正式开岛。此时它已经拥有近千名付费会员。柳传志、王健林、李开复等明星企业家都到场道贺。让刘东华自豪而感激的是，为了参加开岛仪式，柳传志更改了联想内部预定的重要安排。

正和岛将会员称为“岛邻”，分为“绿色”“蓝色”两种。“绿色岛邻”主要是企业家，这类会员所在法人企业年营业收入须在1亿元人民币以上，投资类企业资金募集规模须在5亿元人民币以上，企业家常驻岛内每年需要交 3 万会费，三年以后免费，并且可以通过认证成为“终身会员”。“蓝色岛邻”主要包括专家、学者和知名媒体人。正如刘东华所说的，他建立的是一个门槛很高的社区。

刘海燕是正和岛的第一个员工，现在任副总裁。她曾不理解刘东华的一些想法。比如，正和岛刚成立时刘东华告诉团队，正和岛要通过互联网建立并经营标准、推动诚信体系建设。这让她很困惑：一个高端的网络社交平台和诚信体系建设有什么关系？她想不明白这二者之间的内在逻辑。

“岛主”刘东华究竟怎么想的？他觉得正和岛上至少可以建立三个层面的社交，其中的基石就是信用社交。

“正和岛致力于打造一个自上而下的信用体系，但其实深度的、特别结实的信用体系都需要慢慢建立，它需要时间。我们把信用看作正和岛安身立命之本，所以我们不着急，想特别认真地做好这件事。人家连认真想做这件事的地方都没有。而我们做正和岛之前，一直这么做过来，那么多成功者站在你背后，用各种方式支持你，包括给你做信任背书。”

而作为社交平台，正和岛给岛邻们提供价值的主体是学习社交。为企业家们服务了那么多年，刘东华摸索到什么方式最能为他们提供帮助。他一直觉得，企业家是彼此最好的老师。如果有一个地方能让他们把面具往地上一扔，跨地域、跨行业、跨发展阶段，纵横上下，相互学习、相互启发，善莫大焉。

正和岛目前的产品中，最受岛邻欢迎的“正和塾”，正是基于学习社交的思路。这一服务缘起于刘东华在中国企业家俱乐部中创立的理事互访。“我们每到一家企业，就深度解剖这个人的心路历程、这个企业成长的经验教训，帮助这个人出主意，帮助这个企业提建议，甚至是拍砖。互相照镜子，互相照看后脑勺。因为你再了不起，你也看不到自己的后脑勺。”刘东华认为，有些成功的企业家出事，就是因为没有重量级的好朋友、具备判断力和大智慧的人帮他照看后脑勺。

正和塾有点像起源于西方的私人董事会。“我们把它中国化、互联网化、正和岛特色化了。”刘东华说。

在“走进东方希望”互访活动中，刘永行和企业家们聊了许多关于企业的话题。一位参与活动的岛邻很感慨，“2002 年我去希望集团，那时内地的《福布斯》首富就是刘家兄弟。我看到两旁很矮的办公楼、水泥地、木门窗，我特别惊讶。跟刘永行见面，当时我开一辆奔驰 600，他开一辆桑塔纳 2000，我们两个同时到大门口，下车时我脸就红了。为什么一个企业可以走那么长、那么远，为什么他可以在别人不赚钱的领域赚到钱，而自己有时走着走着就想停下来了？巨人之所以是巨人，是有原因的。”

这就是所谓“照看后脑勺”。

除了正和塾，正和岛还为岛邻提供了相当多产品和服务。

每日一问：利用平台内企业家与专家学者的集体智慧，为岛邻搭建解决企业经营管理中的真问题、有效提升岛邻决策能力与岛企治理能力的问答园地。

部落：在正和岛，岛邻可以基于不同行业规模、不同区域、不同兴趣偏好和不同课题来自组各种交流圈，深度探讨商业及相关话题，实现合作共赢。

《决策参考》：每月一期的“内参”，企业家和学者推荐、点评、批注自己有感悟的文章，探讨经济规律、洞察行业走势、畅谈人生感悟，提供“越重要的人越需要”的深度资讯。

正和营：组织岛邻以商学院案例教学的形式每年深度探访学习一个大型标杆企业。例如 2013 的“华为年”，深入学习华为的战略思维、企业文化建设和人力资源管理等华为核心竞争力。

此外，正和岛还提供线上资讯、官方微博微信、每日手机报、年度峰会——岛邻大会、新年家宴、正和岛夜话等特色产品。

也许是出于媒体人本性，刘东华始终坚持要做好优质资讯。起初刘海燕对这样的坚持是持怀疑态度的，“互联网时代，资讯那么多，我们真的会有影响力吗?”三年过去，她不再怀疑。

以《决策参考》2013 年 1、2 期合刊为例，泰康人寿董事长兼 CEO 陈东升推荐了复兴集团 20 周年庆典上他和经济学家张维迎、弘毅投资总裁赵令欢等企业家谈中国未来十年企业生态的内部论坛纪实；中央编译局副局长俞可平推荐、批注了王安石的名篇《读〈孟尝君传〉》，认为治国需要战略人才；信中利控股公司董事长汪潮涌推荐、批注了中金、美林、黑石等公司的内部报告……按刘东华的分类，这无疑是学习社交的组成部分。

内部充分开放的同时是对外严格封闭。打开正和岛官网，你会看到一个登录框。换句话说，非会员是无法“上岛”的。刘东华想用这种封闭性，让会员们享受到更多自由，在里面撒泼打滚、放肆交流。但在互联网时代，要做到这点还是不太容易。

2013 年 6 月 16 日，正和岛总裁黄丽陆在社区贴出了一篇短文，分享了几天前柳传志召集正和岛等十来家公司座谈“抱团跨境投资”时的观点，文中提到，“柳总说从现在起我们要在商言商，以后的聚会我们只讲商业不谈政治，在当前的政经环境下做好商业是我们的本分。”

短文发出后岛邻们很活跃，纷纷表示“感谢老爷子的提醒，谨记老爷子的教诲!”一家投资顾问公司的董事长发表了一段200字的心得：“在商言商，这话有理……经商不丢人，赚钱不丢人。何况，适合做生意的人，也不一定适合搞政治或其他营生……”

在一片赞赏之声中，第一批岛邻之一、62岁的王瑛成为反对者。6月17日，她写了一篇2000多字的文章《我的“退岛”声明》，表示，“我们希望国家好，正和岛好，每一个岛民安全、顺利、成功，绝不仅仅是独善其身、畏忌自保，也要有一副肩膀、一份担当。”

这篇文章从岛内传到了岛外，“退岛事件”经媒体的持续发酵，成为当年的社会热点。正和岛也由在企业家小圈子中受关注变成了一个公众所熟知的网站。王瑛宣布退岛后，就像当年做媒体时一样，刘东华为“在商言商”的朋友们辩护：我相信柳传志、马云是有大智慧、大担当的，我也知道有使命和责任感的人们在这个社会上是有分工的。有的人做事就是说话，有的人说话就是做事。

而柳传志也在利用各种机会支持刘东华营造的企业家圈子。2014年4月，博鳌正和岛之夜“商业领袖圆桌：把握创新与共赢的新时代”分论坛上，柳传志与国内外的著名学者和顶尖企业家就商业环境、企业治理等话题展开对话。当主持人问到“如果在博鳌论坛偶遇李克强总理，你希望和他说什么”时，柳传志说：“在中国有一个叫‘正和岛’的民营企业团体，他们都想走出去，希望总理给予大力支持。”

岛邻的化合作用

这么多年来，刘东华对自己的眼光始终深信不疑，“看未来，看趋势，看本质，看潮流，很少有看走眼的时候。”但有时候，就是因为看清了趋势反而着急。“因为你把趋势看清楚了，就以为这个趋势很快会展现出来，睡一觉醒来应该就行了。实际上它有自己生长的方式和速度。”他又开始比喻：人参的长法肯定跟胡萝卜不一样。既然是人参的基因和血脉，就别跟胡萝卜比快慢。

比如做正和岛这样的社交平台，高端和规模是一对矛盾，但原先他对此特别乐观，觉得只要标准把握得合适，该来的人就会愿意来。而该来的人如果都想来，就很够了。“你的规模跟外面比，那小苗永远比大树多。但大树如果都集中到你这里，其实你一点都不小。”正和岛最大的优势，就是过去所积累的金字塔尖的人脉，这是信任成本最高的人群，如果这个人群都信任自己了，往下延伸是非常容易的。“包括说建立标准，金字塔尖的人群都认可你的标准了，往下走应该会非常容易。”

他把这件事想得很容易，但这个过程远没有那么快。不过，很多原来没想到的事情的发展却快于预期。刘东华设想过，在学习社交的基础之上，形成合作社交。他打了个比方：在麻将桌上有一个公开的秘密，每个人在和牌前手里都有几张废牌想打出去。但你想打出去的废牌，往往是别人眼中的宝贝。“假设一下，在麻将桌上如果我把别人打的两三张牌变成宝贝，肯定就是赢家。正和岛希望把大家手里的废牌，由合适的人牵头，都变成宝贝。”这就是合作社交。

基于“社交的三个层面”理念，“自生自长的那些东西，我们跟外部世界协同进化，人家拉着你上的东西或者需求驱动的一些东西，实际上高于我们的预期”。

比如，刘东华原来觉得没必要很快做跟商业直接相关的事，但现在岛上的企业家越来越多，他们有各种需求。找钱的、找项目的、找团队的、提供第三方服务的，所有东西都在涌动，本身形成了很好的价值链。“大家都是企业家，各有优势，有了基本的了解和信任后，他就要合作，就要资源对接。”

2013年10月，上海的秋意不算太浓，中瑞航空的王蓓飞了一趟内蒙古。这个时节内蒙古的呼伦贝尔大草原上的草已枯黄，看不到“风吹草低见牛羊”的盛景。王蓓此行是为生意，东胜银行答应给她一笔1300万元的贷款。这件事办得异常顺利。后来她在自己的朋友圈写下这样的文字：“我和冀总不曾相识，未曾谋面，但我们只用了半天时间，没有任何抵押就完成了这笔贷款。”

冀胜利之所以愿意把钱贷给王蓓，是因为他认识一个名叫吴霁虹的人。吴霁虹毕业于美国伯克利大学，担任正和岛顾问，当时正在中瑞航空做调研。两人聊天时谈到在正和岛上做金融服务的可能性。冀胜利说，只要有岛邻担保，他就可以放款，吴霁虹就提到王蓓的贷款需求，她可以做担保。结果，互不相识的两个人通了两小时电话，冀胜利就让王蓓飞到鄂尔多斯，“一共打电话联系两个小时，她飞到鄂尔多斯，贷款两个小时。”

就这么简单。

内蒙古人冀胜利是正和岛第一批岛邻。他和刘东华的结识源于《中国企业家》杂志2010年10月组织的一次“英国行”活动。回国之后，刘东华为杂志写了一篇卷首语，其中提到冀胜利时是这么说的，“一句英语不懂，用眼神和本色征服了伦敦的冀胜利”。

这位 19 岁就开始做生意，从贩小麦、贩瓜子、收羊绒，一直到转入金融业的内蒙古商人回国后主动找刘东华在办公室聊了五个多小时，一起吃了个饭，喝了近两瓶《中国企业家》杂志定制的茅台酒。借着酒劲，冀胜利提出想入股刘东华即将成立的正和岛："你做正和岛，是要成就一批需要成就的人，而不是已经有成就的人，我这样的草根金融是你需要成就的人。"最终，刘东华让他与柳传志、马云、王健林、郭广昌、李书福、吴亚军等明星企业家一起，成为正和岛 30 位股东——他们向正和岛投了 9000 多万元，占 30%股权。

让冀胜利折服的是，在中国的财富阶层，要么是按财富的多少来论资排辈，要么是按影响力的大小来衡量地位，但这些到了刘东华那里，似乎都被消解了，他对大家一视同仁。而这些"需要被成就的人"，现在正成为正和岛活力的主要来源，他们之间发生的化合反应也更多。

2012 年底，岛上就有人提出"线上谈恋爱，线下入洞房"的说法，入洞房就是合作。正和岛提醒岛邻，不建议大家"一见钟情"，在有足够了解、信任前不要匆忙进行商业性合作，但"有的人、有的事你挡不住"。比如一个部落，聊着聊着，突然有人卖樱桃，几百万元的樱桃一下子就出去了。比如 2014 年，有一个部落发起了一场团购特斯拉汽车的活动，在短短两天内，预订量超过了 200 辆，交易额高达 1.5 亿元人民币。而这款在中国起售价为 73.4 万元的汽车，2013 年全球日均销量仅为 60 辆左右。刘东华又喜又惊。"这一方面反映了一定的正面价值；另一方面在正和岛的部落里，现在大家做什么都容易一呼百应，让我挺担心的。"

有时，正和岛甚至是被这帮人推着往前走的。大家都说，从岛上衍生出来的商业模式这么好，正和岛做不做？你不做，我们做了。我们做的话，你参与不参与？

2014 年 6 月 13 日，在正和岛第二届“岛邻大会”上，正和岛联合投资基金举行了成立仪式。刘东华说：“原来我们根本没想这么快做一个基金，但是现在需求天天在敲门，项目、模式、钱，在正和岛形成很好的循环，所以开始了。”

这个有 10 亿人民币资本的基金公司，只筹备了半年时间，“因为是需求驱动，各种要素都具备。”正和岛出了 1%股份，但在管理公司里是大股东。有趣的是这家公司的投资策略。一般来说，他们只做初步判断和筛选。筛选出来之后，看是哪个行业的项目，就请那个行业最顶尖的基金公司来合作，一起做深度尽职调查。如果那家公司投，正和岛也就跟着投。如果他们不投，正和岛也不投。这么一来，所有顶尖的基金公司都会是正和岛的合作伙伴。

“他们为什么愿意跟我们合作呢？因为他们都在找好项目，而我们是越来越大的好项目源。”刘东华戏称好项目就像美女，基金公司都去追。正和岛的优势在于它是“豪门”，经常被美女们追。因为让正和岛投了，就像嫁入豪门一样。

一个是庙，一个是店

如果没有出差，刘东华早晨 9 点前会出现在办公室。接近中午 12 点的时候，秘书会帮他订好午餐。吃完饭他会走个十多分钟，然后回到附近的小公寓午睡一会儿。下午 3 点多他会回到办公室，然后一直忙到晚上十一二点。作为一个创业者，刘东华认为他比自己的企业家朋友们“懒多了”。

但没人能怀疑刘东华对正和岛投入的“含金量”。

2013年9月25日，正和岛苏州岛邻机构成立前夕，刘东华肚子疼得厉害，当时还不知道是阑尾炎。下午他在活动过程中去了医院，晚上却又出现在活动现场，发表了热情洋溢的演讲，在场的人都没看出来他生病了。活动结束之后他又去了医院，但错过了手术的最佳时机。回到北京后他做了手术，几乎没怎么休息就出院了。

四十不惑，五十而知天命。刘东华觉得到40岁之后，有些基本的东西早就不再困惑，但有些东西却越来越困惑。“原来我想做什么，就好像生命、资源、能量是无限的。实际上有无限之物吗？没有，但原来没这意识，根本不想有什么东西会制约你，让你做不成事。40岁以后，慢慢有一个最大的变化，我知道有限了，知道这世界有条件、有时间、有资源。”

50岁之后，做好正和岛和中国企业家俱乐部是他最经常惦念的事。在他心中，两者一个是庙，一个是店。中国企业家俱乐部的定位是万年老庙，更多的是精神殿堂，完全是价值观驱动的，公益应该成为那个平台的特色。正和岛追求做千年老店，是一个商业平台。如果将来商业上取得比较大的成功，他会把他的那部分收益拿出来，支持俱乐部这个庙。

他还想开发正和岛新产品，比如“信用名片”。“我们是帮助每个人建立自己和外部世界的信任关系。使用信用名片的时候，你首先要承诺在这里填的每个字都是真实的，然后它是活着的，每天都在生长。你和别人的互动、相互关注、不同人对你的评价，背后有一个数据模型，产生一个信用积分。信用积分到一定程度，将来我们把这个事做得好的话，就变成一个含金量很高的身份证。我不认识你没关系，我先看看你信用积分是多少、靠谱不靠谱。”

LinkedIn 创始人霍夫曼曾说过，顶尖级的企业家会通过建立关系网帮自己把握世界。有人估计，通过今天的正和岛，刘东华影响的人群，足以为中国贡献 10%的 GDP。他对中国民营企业家的价值，黄怒波如此点评："《中国企业家》杂志对中国企业家这个群体的形成有至关重要的作用，因此在民营企业的发展史上，刘东华是一个可以留下痕迹的人。"而正和岛，显然在扩大这种影响力的半径。

通过互联网，为中国企业家人群打造一个自上而下，从金字塔尖到塔基的诚信体系，让中国商业生态越来越健康，这是刘东华的梦想，是他的岛、他的理想国。

(2014 年第 21 期)

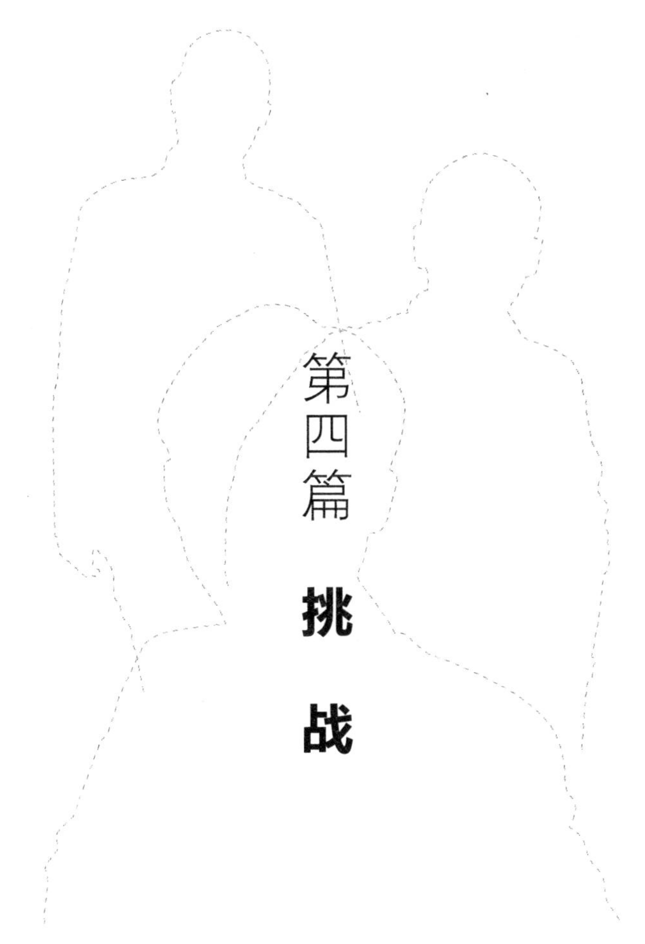

第四篇 挑战

学霸投资人曹毅的独角兽牌局

一部冷酷高效的投资机器，一个活跃的互联网新锐 CEO 核心圈子，一群共同成长的明日之星，一代创业者的人性冒险故事。

文_**石海威**　编辑_**丁伟**

这次噩梦般的董事会，源码资本创始人曹毅迟到了。

会议主角是嘟嘟美甲 CEO 王彪。2014 年 10 月，做上门美甲服务的嘟嘟美甲获得红杉中国和源码资本的 A 轮千万美元融资，在异常火爆的 O2O 大战中储备了弹药。董事会上，王彪和联合创始人很得意，对几位股东说，嘟嘟上的美甲师已经超过 200 人，并将很快扩张至 400 人。

但天使投资人李一男带来了一个“噩耗”：听说 58 同城正在发力家政、美甲等上门服务领域，预计一个月内要搞定 6000 名美甲师。

语毕，王彪沉默了。给嘟嘟美甲数百万元天使投资的吴世春、李一男聊着58同城带来的竞争形势。曹毅姗姗来迟，发现大家的异样，听了一会儿问，为什么两个创始人不说话呢？王彪后来对《财经天下》周刊说："我当时觉得，我们搞了三四个月才200名美甲师，58同城一来就6000个美甲师，我们死定了。当下我和联合创始人都蔫了，想死的瞬间之一。"

曹毅很镇静，对王彪说："别着急，不要紧，我们还有美团。"源码资本成立近两年，两期基金共募集2.5亿美元、3亿人民币，在国内创投界拥有傲人的LP阵营，包括王兴、张一鸣、庄辰超、姚劲波、李想等10多位活跃在互联网一线的明星创业者（时髦说法是"独角兽"），还有7位A股上市公司CEO，和多位BAT高管、天使投资人等。

那是投资人之于创业者的一个转折时刻。王彪说得有些夸张："曹毅这么一说，我突然感觉公司有出路了，那一瞬间，他的形象很光辉。"

曹毅很快向美团网CEO王兴引荐了王彪，但他同时提醒，王兴对数字极为敏感，不听故事。曹毅安排投资经理和王彪一同梳理了一份"针对"王兴的业务数据和三张PPT。在随后12月的源码资本年度会议上（即"码会"），一场德州扑克的牌桌上，王彪和王兴聊了两个多小时，最终嘟嘟美甲成为第一批入驻美团的垂直O2O项目。

除了钱，每个投资人都号称能给创业者带来更多价值。作为风险投资业最年轻的资深投资人之一，生于1984年的曹毅，前红杉中国副总裁，十年投资生涯，投出红杉中国30%左右的TMT（科技、媒体和通信三个英文单词的第一个字母整合在一起）项目，30岁出来单干，加入了疯狂的创投浪潮。

"我们的出发点还是解决问题嘛，怎么帮助创业者，提高他们的胜算、创业的概率。"曹毅告诉《财经天下》周刊。他西装革履，文质彬彬，不像那种常见的与创业者嘻哈打成一片的投资人，倒像一个严谨、精明的交易员。

源码资本在不到一年的时间投出了50多家公司，目前在互联网金融、O2O、B2B等三大主流领域都有布局，包括为大学生提供消费信贷的趣分期、P2P（对等网络）租车平台PP租车、理财APP随手记、C2C的海淘平台淘世界、B2B交易平台一亩田、百布、O2O领域的嘟嘟美甲、e保养等公司。

与很多喜欢打德州扑克的互联网人不同，当年的高考状元曹毅曾经痴迷德州扑克，一度还想走职业道路，但读书工作以后，“打德州扑克的兴趣被极大压制了，想起来还有点心痛。”没能成为职业的扑克高手，曹毅成了创投界犀利的牌局玩家。他有主底池和好筹码，押注冉冉上升的年轻创业者们，读牌也读人，下盲注也加注，在关键时刻敢于all-in（孤注一掷）。是的，曹毅长着一张不动声色的扑克脸。

“小V（Venture，即风险）基金”们的崛起

“互联网+”冲击一切行业，主流VC机构的强壁垒也在纷纷倒塌，一批新的投资基金以令人惊叹的姿态涌现。

他们在之前成功的投资履历的基础上，聚集一些主流趋势行业，打法更灵活，决策更快速，跟“80后”“90后”创业者走得更近。除了源码资本，还有京东及阿里原高管张川和Facebook早期员工王淮创建的线性资本，前IDG合伙人张震和高翔组成的高榕资本，主投智能硬件的明势资本，前君联资本董事总经理刘二海的愉悦资本，前鼎晖创投高级合伙人陈文江的执一资本，等等。

曹毅在红杉中国做的最后一个项目是“今日头条”。投资协议签完

字后，他问张一鸣：你接触过多少家 VC 啊？有没有觉得哪些地方有改进空间？应该怎么解决？后者反问，曹毅你是不是应该考虑自己出来做？

2014 年春节刚过，当曹毅想要离开红杉中国创建一支新基金时，他第一个找到王兴，在王兴家楼下破旧的上岛咖啡馆里，谈话从晚上 10 点持续到夜里 2 点半。他俩第一次认识是 2006 年，在清华，当时还在联创策源实习的曹毅和自己的老板去探访刚刚起步的校内网。之后他们成了很好的朋友。

"我看到了有巨大价值的东西。"曹毅说。

"这个东西能再细化吗？怎么解决这个问题？路径是什么？别人原来为什么没这样做过？"王兴反问。

"美团是一个大浪，源码也会是一个大浪。这个大浪要有你们加入。"曹毅回答。2014 年 8 月，源码资本成立。王兴和张一鸣各投 500 万美元，跟其他二三十位 LP 一起，加入了这场考验智力和心力的牌局。

曹毅解释说，源码资本一个很重要的出发点就是要建立"码会"这样一个小社区、核心圈子，那这些人应该怎么组成呢？一定都是各个行业的第一名，同时又活跃在一线业务。这些条件比较明确，都是三四十岁的年轻新锐 CEO。源码资本的 LP 还有一些 BAT 高管和天使投资人，"这也相当于我们的上游，天使孵化好的项目我们会去看，从而一开始就建立一个小生态"。

趣分期创始团队成员何洪佳与曹毅初次见面时，他并不清楚曹的背景，源码资本是支新基金，并没有任何可供展示的成绩。但曹对于细节的提问令他印象极深，“比如他会问我们发传单的转换率？发一栋楼要多久时间？布局的具体节奏是怎样的？他要数据”。

“85 后”何洪佳隐约觉得曹毅有着远远超出其年龄的气场。

P2P 网贷平台银客网 CEO 林恩民第一次见曹毅，对他之前也不了解，但曹毅对于互联网金融行业的见解，让林恩民觉得“这是少数能和我想得一样大、一样远的投资人”。

与曹毅见面三周后，在双方还未确定投资意向的情况下，曹毅便拉着林恩民和王兴、张一鸣在奥林匹克森林公园的湖畔餐厅午餐。不过那是一次不太成功的饭局，王兴和张一鸣并没有特别关心互联网金融，饭局尴尬收场。

“这是曹毅和别的投资人最大的不同。他会把自己见一面后觉得还不错的人介绍给周围的朋友和基金 LP（有限合伙人），让周边任何可能与他发生业务的人去聊。对接资源是其一，很重要的一点是早期他希望借助这些人来佐证自己的判断。”林恩民理解曹毅的这种安排，对他这样的年轻创业者来说，一开始就能和一些大佬 VP 们接触，“心理上还是会感觉蛮牛的”。

2014 年 10 月，银客网获得由源码资本领投、清风资本跟投的千万美元级别的 A 轮融资。在个人信用贷款业务方面，其合作伙伴是源码资本投资的趣分期。曹毅投资林恩民没多久，便请他帮忙看互联网金融行业的项目，但凡他觉得靠谱的，曹毅基本都投了。

不同于多数风投选址 CBD 写字楼，源码资本位于中关村，有几家它投资的公司，就在同一个楼层。有公司工位不够，还不时借用他们的办公室。源码资本的墙上挂着乔布斯、巴菲特、迪士尼、马云、马化腾、贝索斯、谷歌双子、老沃森等人的照片。曹毅以此激励自己的团队和被投公司。

浙江省金华市高考状元、理综满分考入清华大学计算机系的曹毅回忆自己的大学时代似乎只有两个追求：一是要尽量得第一，二是要尽量得满分。王兴对《财经天下》周刊说："这么说吧，曹毅是一个刚满 30 岁却有十年投资经验的 VC，曹毅的体力、智力、心力都非常强。我愿意赌他会成为新一代 VC 中的佼佼者。"

投资也是一种"带宽共享"

从大学时起，曹毅便显示出对资源对接的热衷。似乎是一种必然，在清华高性能研究所学习时，他的课题就与资源撮合相关：主攻方向叫做带宽共享。

2004 年，曹毅结识了清华师兄、现任搜狗 CEO 王小川。还在读大四的曹毅问王小川："你什么时候创业？我帮你找人。"和王小川同为清华计算机系 96 级的周枫从伯克利回国在五道口建实验室，早期团队的几个人全是曹毅帮忙张罗的。为了提高资源对接效率，他当年还创办过一个清华就业创业协会。

在校期间，曹毅就开始参与做投资，2004—2006 年就职联创策源，PPStream 是他看的第一家项目。他创过一次业，建立动漫品牌阿狸。但阿狸成立不久，曹毅便意识到自己不适合创业，便请一位清华校友出任 CEO，自己退出。

自己当不了扑克高手，就转而投资能玩扑克的人。从清华毕业后，曹毅曾在咨询公司工作，做过二级市场量化投资。他还到 UC 做过半年 BD（商务拓展），受到周逵邀请，加入红杉。那五年，沈南鹏、周逵等人的工作及思维方式对曹毅影响很大。他不止一次提过沈南鹏的“100个抽屉理论”。“沈的时间管理能力很强，他脑中好像有100个抽屉，每天拉开来看事情进展如何，关上一个抽屉后再处理下一个，彼此互不干扰，非常清晰，直截了当。”

在红杉期间，每次有项目决策会，曹毅趁机观察几位大佬的投资和决策思路。“我们的项目会是开放的，老沈如何问问题，关注的角度是什么，大家都看得到，但是学多学少就是自己的问题了。”

令曹毅印象深刻的是，红杉投资唯品会当天，同时还有6个项目过会。沈南鹏清晰地判断它远高于其他项目的价值，也给予了不寻常的关注。那之后的周末，沈南鹏打电话给唯品会CEO沈亚，开门见山："给我一个不投的理由?"

曹毅后来得知，当时很多机构竞投唯品会，红杉并不占绝对优势，是沈南鹏的加码促成了这次融资。“他总能在正确的时间说准确的话，下正确的决策。”离开红杉后，他与沈南鹏定期碰面，红杉也是源码的基石投资人之一。

新VC们往往推崇硅谷的几种新模式：孵化数十家“独角兽”的YC、写《从0到1》的彼得·泰尔、同为“Paypal黑帮”的LinkedIn创始人里德·霍夫曼、互联网传奇人物马克·安德森和本·霍格沃茨联合创办的A16Z等。曹毅对A16Z情有独钟。这家成功投资Skype、Facebook、Instagram、Airbnb等的顶级VC，几十人的团队中，只有6个人在做日常投资，其他人全部集中帮助创业者。

A16Z非常注重投后管理，有专门的营销团队帮助创业团队获得关注，专门的人才团队帮助创业公司招募新兵，专门的市场发展团队帮助创业公司获取客户。在硅谷，A16Z淡化了等级观念，并在他们的人际关系网络外围不停地扩张节点。

这种打法，正是曹毅过去几年嗅到 VC 行业可能被颠覆的细节。新一代创业者们都非常了解创始人和风投公司的利害关系，单一类型的投资机构很难再获得他们的青睐。

日常交流中，曹毅并不经常向被投企业描绘源码的愿景，也鲜少提及他所推崇的 A16Z 和 YC 等机构。但在基金自身的战略及业务层面，它们对于源码的影响潜移默化。在源码目前 12 人的团队中，有 6 名投资经理负责日常的前台投资业务，这 6 人中不乏媒体、产品经理、投行背景出身者，但他们过去都没有一线投资经验，这是曹毅刻意为之。

这种策略可能同样有缺陷。源码团队选择花很多时间在做投后服务，今年的目标是要帮助被投公司找到 200 个人。这与其他机构在时间与精力的花费上差别很大，也无从验证花很多精力去做投后是不是就能获得好的回报。曹毅的困惑一方面来自公司的日常管理本身。另一方面则来自行业外部。“有时候我也会怀疑，我们是不是在自得其乐呢?或者说我们也有可能花了过多时间过分地去呵护他们（被投企业)。”

曹毅开始面临跑得太快而带来的不安。比如应该以什么样的节奏成长? 是不是需要招更多人? 类似 A 股和新三板的机会要不要把握?投资人曹毅开始遇到和创业者一样的问题。如果源码加速扩张，PR（公共关系）策略要更激进。

“指挥别人打仗和自己打仗是有区别的。”曹毅承认，“当我作为创始人管理一家机构时，不可避免地带有惯性和主观性，自己在行业里扩张地盘时，总会想做得更大一些。发展过于顺利也会使人膨胀，所以创业者会‘精神分裂’。”曹毅打德州扑克的风格是在第一手牌和前三张牌时看得较多，后面则跟得很少，从第四张起参与量急剧下降，但他赢大钱时往往是在后两张不好的情况下悄悄潜进去。

几乎没人记得曹毅十年前曾是阿狸的创始人之一——这只疗愈系的动漫形象与他今天所从事的 VC 行业相去甚远，但阿狸至今是曹毅的微信头像。

源码生态系统

不只是做资源对接，在战略上曹毅也始终站在被投公司一线战斗。

曹毅认为，过去自己在 O2O、互联网金融、B2B 领域翻来覆去地思考、观察和积累，这是他某些时刻非常自信的判断来源。这没有什么高深的方法论可言，是足够深入思考的结果。“投资一家公司，主要矛盾是具有决定性的。我判断这个公司最重要的是什么，这是把问题从问号变成句号或者叹号的过程。”

2014 年秋天，大学生分期购物平台趣分期在学生返校期迎来了业务的小高峰，创始人罗敏希望尽快开辟多条产品线来满足供不应求的局面。

在源码办公室的玻璃墙上，曹毅为罗敏画了九宫格矩阵，对应九块潜在市场。一面是消费分期、汽车、租房抵押；一面是大学生、白领、家庭等用户人群。最后罗敏发现，如果把九块战场都开通，自己在好多战场其实并无优势。

“在某些细分市场做到 1%没有任何意义，但在大学生这个‘山头’上，你是有机会站起来的。当你真正聚焦之后会发现很多事情还没做呢。增长来自于市场的声望，这样会健康很多。”曹毅对罗敏说。

尽管很多时候，曹毅对创业者直言不讳，不留情面，直接得让人尴尬。但数月后，他们多半佩服他的远见。曹毅尽量激发创业者对未来的想象。罗敏说，曹毅曾就行业优势和成长空间判断趣分期将有可能成为一家百亿美金的公司。这是此前连罗敏自己都未曾拥有的野心。

2015 年 4 月，成立仅一年的趣分期获得近 1 亿美元 D 轮融资，昆仑万维领投 6200 万美元，蓝驰创投、源码资本等跟投。昆仑万维也是源码资本二期基金的重要 LP。

2015 年 5 月，源码资本完成了二期基金募集，获得超过 1.5 亿美元、2 亿人民币认购。除了一期基金的 LP 追加，另有数位知名机构投资者和 7 家市值在 100 亿～300 亿的 A 股上市公司 CEO 参与其中。

为了对创业者提供持续的价值帮助，曹毅不断思考布局的重点，这也是源码资本创建“码会”的初衷。

作为源码生态系统的一部分，“码会”是类似于同学会的创业交流和互助联盟。在“码会”，LP 就像高年级同学，被投公司就像低年级同学，通过“码会”把他们对接，形成内部分享机制，定期沟通和头脑风暴，实现资源流动。

今年 1—3 月，源码资本帮助 30 多家企业完成融资，被投公司中九成完成了 B 轮融资，累计 2.5 亿美元。中码会中的“高年级”同学占到 1.5 亿美元。现在曹毅是 30 多家公司的董事，今年他会陆续辞去一些公司董事席位。

2014 年冬天，源码资本在长城脚下召集第一次被投企业和 LP 参加的“码会”，两天的高强度头脑风暴，议题包括异地扩张、深耕打法等企业在实操层面可能会遇到的问题。创始人和 LP 们被邀请第三天共爬长城。

林恩民参加“码会”时，银客网已拥有80几人的团队，这位1988年出生的年轻创始人开始担心管理失衡。小组讨论环节，他将自己的困惑抛给在场的“高年级同学”阿里副总裁邓康明：“现在我们公司七八十人，明年会有二三百人，我现在很头疼。一般公司发展到100人，管理就要有大的提升，我该怎么做好管理?”

邓康明反问了他两个问题：公司业务是否在提升？成长是否够快？只要答案是肯定的，那么管理将不是问题。“他一句话就解决了过去很长时间里困扰我的事。可能对普通创业者来说这都是问题，但是从一个管过上万人公司的人来看现在根本都不是你担心这个的时候。”

王兴做了“关于创业的修身、齐家、治国、平天下”的演讲，他有一句话让林恩民豁然开朗。“王兴说，硅谷有一句格言，有点粗俗但非常直接：Keep going，fucking anything else（继续走，其他的都不重要）。只有增长是重要的，其他一切都不重要……创业公司一定不能停，只要你能保持高速增长，所有的问题都会消失。”

奇特的是，投资人曹毅把自我隐藏得很深，喜怒从不轻易形于色。与潜在投资对象交谈时，他只提问倾听，或沉默思考，几乎不发表任何看法，也从不与人寒暄。他最常做的是直接向对方发问：你的商业模式是什么？发展状态怎样？跑出了哪些结果？一位创始人说，曹毅偶尔也会点头给对方以反馈，但那只代表他听到你讲话，并不代表他认同你的观点。

一旦进入决策过程，他异常强势并讲求效率和速度，像潜伏很久后主动出击的野兽。有时他甚至不给创业者过多考虑时间，希望当天即签订Termsheet（投资意向书），也不接受外地公司签订后的邮寄行为。曹毅会派1名投资经理到目标公司，只给对方半天考虑时间，要求投资经理必须带着签订好的协议才能回京。

即便是在游山玩水、极度放松的时刻，曹毅的话题仍难离业务。“码会”第三天登长城时大家听到曹毅和一位 LP 的对话，曹毅和对方聊的是新三板热。他的变化也只是从平日里冷静地解决问题变成兴高采烈地讨论问题。

除了工作，在生活层面上，大家对他知之甚少。一位和曹毅相识多年、也是他投资的创业者回忆：“我都只看到他无名指上的戒指，但关于他的生活一无所知。”另外一位创业者说：“曹毅是位一流的投资人，也是我事业上的好朋友，但我不太可能想象他成为我生活中的朋友。”很多被投公司创始人至今没和曹毅吃过一顿饭。

“你的业余爱好是什么？”对于这个常规提问，曹毅却慎重思考了一会儿，答案是游泳和电影。他说喜欢《教父》，“虽然是黑帮片，但涉及生意、管理”。大学时他看了《拯救大兵瑞恩》，开始收集模型枪，“那是一部战术电影”。但对他影响最深的作品是《大染坊》，在这部描述清末民初创业悲剧的电视剧中，那个年代企业家们所表现出的商人特质、谈判技巧、对外来经济的借鉴以及他们的团结、坚守，令曹毅敬佩不已。

2008 年金融危机时曹毅还是联创策源的投资新人，所有的投资工作戛然而止。曹毅说，那时一级市场和二级市场的传言让人恐慌，自己很迷茫，不知道金融危机什么时候结束，那是他人生迄今为止最焦虑的一段时间。

而数年后的今天，在硅谷和中国，每年有数千家初创公司通过引荐，获得在基金公司展示自己想法的机会。数百家和源码一样的风险投资机构为这些野心勃勃的梦想买单，并可能因此获得百倍甚至千倍的巨额回报。

有一两个细节也许能够印证曹毅的野心。他最近读《纽约客》杂志关于 A16Z 的报道，心有戚戚焉。马克·安德森曾经提出，假如软件真的能够“蚕食”世界，风投难道可以独善其身吗？“安德森坚信，在他旗下基金的帮助下，初创公司在迈向成功之路上能够事半功倍，而对于这些公司来说，时间本身就是金钱。而且，事在人为，有些事情计算机永远替代不了。说到底，风投业牵涉到诸多人性因素，而这恰恰是机器所欠缺的。”

对于冷酷高效的投资机器曹毅来说，他所构筑的创投牌局里的这些玩家们都好赌敢赌，这个成长时间本身也是金钱，其投资回报也需要时间来证明。他才过 30 岁，牌局正酣。

另外一次，曹毅在内部分享时，请大家关注老东家红杉美国已经进入投资机构最高等级的良性循环：牢牢守住早期投资头名的同时，更积极地适时做市场地域扩张和产品扩张。投最好的少数公司，有时间思考和帮助这些公司，这些公司也愿意把他们作为最好的选择之一。

(2015 年第 11 期)

冯鑫：解套

他十年渡过三大难关——创业困境、烧钱大战、IPO 转板，终于成功赎身。

文_**薛芳**　编辑_**施雨华**

不知道冯鑫去山西了没有。

2015 年 3 月，暴风科技上市前，他发微信给一位记者，说有位朋友打算退隐江湖了，他触动很大，若有所失，想在公司上市后去母亲山西的老房子里闭关一段时间，随身带上几本书：《道德经》《约翰·克里斯朵夫》《刀锋》。

几天之后，暴风科技在深圳证券交易所创业板上市。从 3 月 24 日到 5 月 4 日，这只股票连拉 29 个涨停。4 月 23 日，公司发布亏损的 2015 年度一季报。此前暴风曾宣布对旗下的“魔镜”项目增资扩股 6000 万元，一季度整体亏损正因“魔镜”等虚拟现实业务处于早期大规模投入阶段。但这仍然没有阻遏股价的上升势头。次日，暴风再次以涨停开盘，创下 IPO 开闸后新股连续一字板涨停新纪录。董事长冯鑫发朋友圈“100，马克一下”，庆祝暴风市值超过 100 亿元人民币。5 月 13 日，中国视频业老大优酷土豆总市值为 40.7 亿美元，约合 252 亿元人民币。而暴风同日的总市值已经达到了 303 亿元。

对创业已十年的冯鑫来说，这是一场不断被延迟的狂欢。好在，尽管姗姗来迟，毕竟还是来了。

从 2006 年搭建 VIE（Variable Interest Entities，可变利益实体）架构，引入 IDG 的美元投资开始，冯鑫就是冲着做好暴风影音到美国上市的目标去的。可惜，也许是因为金融危机，也许是因为别的什么，暴风始终没能成功刮进美国市场。倒是不断有公司找上门来谈收购：新浪、搜狐、土豆、优酷、盛大，全谈了一遍。从冯鑫个人来说，他们开的价钱绝对可以让他功成身退。他硬是没有松口。

“我觉得我既然做了这么一件事，而且做了这么久，最后赚一笔钱就走了，就太没意思了。”

2010 年，冯鑫终于等到一个机会——中信证券建议他让暴风回到国内上市。此时，优酷刚刚在美国上市，作为视频领域的竞争对手，实力和资源都不如优酷的暴风感受到了巨大的压力。冯鑫心里很清楚，美国市场偏爱领跑型公司，暴风的视频却是基于相对冷门的客户端。此外，华谊和乐视两家公司在 A 股获得成功勾起了他的兴趣。它们获得的极高估值和品牌影响力是在美国上市不可能获得的。

于是下定决心“往回走”。

但“往回走”也意味着又一轮伤筋动骨的煎熬。2010 年 12 月，暴风开始拆除 VIE 架构，一直到一年半后——2012 年 5 月，VIE 架构下的公司，包括冯鑫 2005 年创建的酷热科技，才全部注销完毕。

这个过程的实质，是寻找国内的投资机构“接盘”，回购 IDG、经纬中国等机构的美元投资。用冯鑫自己的话来说，这件事毫无创造性，其间的痛苦堪比蜕皮，“因为涉及买卖双方。境外投资者想卖高价，国内投资者愿意接吗？找了一堆国内投资者，他们开的价钱，境外投资者又不愿意接受”。

此外，在 A 股上市还要满足一系列条件，例如持续盈利。暴风所在的视频行业，原本是出了名的烧钱的，要盈利谈何容易。即便优酷（包括后来的优酷土豆）这样的领军者也长期处于亏损中。有意思的是，正因为没有多少资金，暴风主动退出了争夺独家版权等烧钱游戏，歪打正着实现了盈利——用冯鑫的话说“对上了这道缝”。

劫数还没完。就在这时候 A 股忽然中止了 IPO 审批。这一等又是一年半。其间，来谈收购者自然是络绎不绝。最让冯鑫心动的一次，是和阿里巴巴合作的机会。时任阿里 CEO 的陆兆禧亲自主抓这件事，承诺未来几年投入 9 亿美元，并和暴风互换资源。谈了两三个月，冯鑫去成都参加广电总局的会议，晚上跟人喝咖啡时收到短信：A 股的 IPO 要重启了。

“差点投降”的冯鑫，又扭回头来“自己玩”。

看来散漫的他，认真起来比谁都认真。以前他是不怎么看招股说明书的，这次接过来亲自操刀，自称到最后“能写得比他们好”。有那么一阵，他还每周都去两三次证监会跟人“沟通”。审批通过后，他自己没怎么多想，各种消息却像潮水般一波波涌过来。主承销商中金公司的人说，我们保荐了那么多的公司，以前最多是买手、项目经理来问，从来没遇到过那么多大基金的总监来问。他立刻意识到，自己想少了。

暴风上市后仅仅一个多月，作为有 2500 多万股股票的创始人，冯鑫的身家已经超过 60 亿元。

他还有空闲去山西吗?

创业青春期的节奏

2004 年离开金山公司之后，冯鑫在雅虎中国晃了一年膀子，终于还是决定自己出来创业。

在此之前，他先做了一项准备工作——统计在 PC 上广泛传播的各种软件：操作系统、浏览器、搜索、输入法、即时通讯、下载、播放、音乐、安全……他的结论是总共有 11 个领域值得进入。用各种免费软件占领互联网，建立一个软件帝国，这是他当时的野心。

显然，并不是每个领域都留有机会。比如，操作系统微软已经干了，不用想了。即时通讯腾讯已经干了，想战胜如日中天的 QQ 几乎没可能。实际上他还真试过，“我都懒得说了，内部开发时，我自己还有一个代号”。

冯鑫琢磨的是，11 种软件里哪种他能做成第一。他最先想到的是下载，去找他在雅虎中国时的上司周鸿祎投资。周鸿祎说：“你别做了，我已经投了迅雷。”当时，冯鑫的下载软件界面都快做完了，就因为这一句话而放弃了。

找了一圈，愣是没找到投资，冯鑫干脆重新算了一下创业到底需要多少钱，发现找投资时觉得要 200 万才能开始干的事，自己凑凑钱

20 万也能启动。

2005 年 8 月，酷热科技创立，避开了下载，专注于桌面视频软件的开发。这家公司的注册资本是 50 万元人民币。冯鑫心里清楚，做视频软件短时间是挣不了钱的，所以他得干一些别的——比如帮一些公司导流量，挣一些快钱。

做了没多久，当时刚刚小有名气的蔡文胜主动找上门来，说要投资他。不过见了一面，情商过人、“一见你就夸你，能夸十几分钟”的蔡文胜，说服冯鑫接受了自己的天使投资，300 万元人民币。几个月之后，IDG 资本也跟了进来。

据说，IDG 的合伙人张震和冯鑫见面只问了冯鑫两个问题。第一个是:“你能帮我们做什么我们很清楚，我们能帮你做什么?”“你们能给我钱。”冯鑫很直接，他的公司当时只有 10 多人的规模，但他觉得至少值 1000 万美元。第二个问题是“你怎么看雷军和周鸿祎”。两个问题聊完后，冯鑫下楼，很快接到了电话，IDG 决定投 300 万美元。“当时我太不缺钱了，我才养活了十几个人，一个月收入大概在 150 万元左右，我根本就不知道要钱干吗用。我干的事情不太花钱。”冯鑫笑道。

不过，钱还是有用的。要不是这笔钱，冯鑫很有可能收购不了暴风影音。当时，暴风影音有几千万的装机量，是炙手可热的播放器。它的开发者叫周胜军，是哈尔滨的一个软件工程师。冯鑫和周胜军联系过，但周不愿意把暴风卖给他。最后，是蔡文胜做了个中介。据蔡文胜回忆，当时他仅凭双方的一个口头协议，在半个小时内把 1200 万元人民币划到周胜军的账上，过后再转手给冯鑫。当然，价钱不再是 1200 万元。

2007 年 1 月，冯鑫的新公司暴风网际创立了。

有意思的是，当时，IDG还投了另一家做播放器的公司超级解霸。在冯鑫看来，“这两家公司做的东西一模一样，问题也一样，就是不需要联网。我们必须让用户升级到联网的新版本。三四个月后，暴风有了2000多万用户，超级解霸只有30万，做不下去，IDG就想让我把超级解霸买下来。”

“我当时不太懂资本。好像要价600万美元还是700万美元，我说我吃不下来。其实是个资本游戏，相当于给我增加投资，我再买回来。也不能算错，如果这个产品落到雷军或者周鸿祎手里，我就多了一个对手，买回来我就没有对手了。”

这是2007年三四月份的事，冯鑫出来创业快满两年了。

在冯鑫记忆里，创业头两年，就像一个人的青春期，莽撞无知，却充满活力。“真的非常好，节奏是自己的节奏，很快，但并不觉得累。每天该吃喝玩乐就吃喝玩乐，干活时效率又特别高。我当时觉得整个互联网发展最快的就是我们了。”

不过，“我个人的辉煌史到这儿也就结束了”。

从管理困局中解套

创业之前，冯鑫去找过他在金山时的上司雷军。雷军列出他的几大缺点，问他，创业之后你能解决这些问题吗？“雷军说的那些问题后来全出现了。”事后回想，冯鑫叹服“雷军还是厉害”，“我有我擅长的东西，但如果说要做一个伟大公司的CEO，我就欠缺太多东西了。我很随便就可以举出三样致命的，比如不懂管理、不懂资本、不懂财务技巧”。

就说管理问题吧。2007 年公司的员工超过了 100 人，后来又发展到了两三百人。因为发展得超常之快，身边的小兄弟赚了钱，开始买房买车，然后人心就乱了。“以前我没太想过管理的事，请了一些原来（金山）的同事做空降兵、副总裁。后来发现，副总裁多了问题也多。”

最大的问题就是“没有一块业务归自己管了”，所有事情都有相关副总裁分管。“我还得跟他们商量，不能直接去管，要不然就是越级管理。他们教我两件事，第一个教我麻醉自己，他们努力去干。第二个教我要有耐心，你作为一个 CEO，就要等待和辅导大家成长。好像都对。”

但冯鑫觉得不对，有种干不动的感觉。有时他也会安慰自己，我们干得挺好的。从白手起家到估值 3000 万美元，只用了不到两年时间。但每次开会，他都觉得上火，“这回怎么干下回怎么干，说得都不清楚，准备用什么方法干，回答也很模糊，就把我弄晕了”。

整个公司效率非常低。收购暴风时，冯鑫就有一个念头：一定要把暴风做成在线，把旁边的播放列表转变成节目单。“如果把这个事干成了，就没别人什么事了，我们的用户量那么大。”但“这个事”先后找了 3 个团队，从 2006 年 8 月开始启动，迟迟完成不了。强烈的挫败感甚至令冯鑫萌生退意。

不妨回顾一下在这些年里发生了些什么：

2005 年 2 月，陈士骏等人创建视频网站 YouTube。2006 年 11 月，YouTube 以 16.5 亿美元的高价出售给 Google。

2005 年 4 月，王微创建视频网站土豆。2011 年，土豆在美国纳斯达克证券交易所挂牌上市。

2006年6月，李善友创建视频网站酷6。2009年11月，酷6成为全球第一家上市的视频网站。

2006年6月，古永锵创建视频网站优酷。2010年12月，优酷在纽约证券交易所挂牌上市。

除此之外，乐视、PPS、PPTV、56、风行……数年之间涌现的成百上千家公司，开启了视频网站的战国时代。

为了挽救暴风，2009年，冯鑫做了一个至关重要的决定。他召集所有高管开会，“你们都说自己在重要岗位帮我把关了，每个人都来讲讲，你们做的哪些事帮助公司成长了。第一季度就算了，第二季度无功就是过”。

结果，一年之内，暴风的七八个副总裁走了一半，公司也重新回到了正轨。这个过程，冯鑫称之为“解套”，他认为要点在于“公司最重要的事一定要亲自抓”。2010年，在线业务“暴风盒子”终于推出。虽然势头不再像2006、2007年那么凶猛，暴风毕竟再次进入了上升通道。

寡头时代生存艺术

近十年过去，冯鑫执掌的暴风影音几乎成了“活化石”——从装机必备软件，到“在线播放”客户端，再到视频网站，暴风一直在变。连和它对阵的竞争者也在不断更新，先是从Windows Player、KM播放器变成了PPS和PPTV，而后又变成优酷土豆、爱奇艺，等等。

曾与暴风竞争的播放器后来大多边缘化；客户端软件对手PPS被爱奇艺收购，PPTV被苏宁收购；与暴风近似的公司中似乎只有迅雷走到了最后——2014 年 6 月，迅雷赴美上市，可惜之后股价一路下跌，目前的市值约为 4.85 亿美元。

中国视频行业的爆发式增长，最初只不过是对获得巨大成功的美国视频分享网站 YouTube 的跟风潮。大量的网站借鉴 YouTube 的 UGC（User Generated Content 即用户生成内容）模式，以“分享”相号召，吸引人气和流量。

但数年之后风云突变，争夺影视剧版权又成为新的潮流。这一边是乐视、优酷、土豆等网站先后上市，那一边是爱奇艺、搜狐视频、腾讯视频等新生力量涌入。一轮轮烧钱游戏之后，视频业逐渐进入了寡头时代。

冯鑫曾用“金字塔结构”概括视频行业的现状：塔尖是 BAT 旗下的视频网站们，百度拥有爱奇艺，阿里入股了优酷土豆，腾讯有自己的视频网站；塔腰是搜狐、乐视等视频网站；塔基则是暴风影音这类基于客户端的视频公司。塔尖的公司们喜欢玩两个游戏，一是拼独家版权，二是拼自制内容。

“跟着他们砸钱买版权就太庸俗了，而且这么干我还是会死。”冯鑫一直很清醒。事实上在很长一段时间里暴风连不清醒的资本都没有。

暴风科技的招股说明书中，列出了未来可能影响公司净利润变化的两个关键因素——内容采购和带宽租赁成本。在 BAT 进入之后，视频网站的拼杀导致版权成本和带宽成本飙升，暴风的策略是少买或不买独家、少买或不买首轮播出权。

最近三年，优酷土豆的内容采购和带宽租赁成本高达 60 多亿元，相比之下暴风 2 亿多的成本显得寒酸。这一策略使公司的成本控制在了相对稳定的水平，并连续实现盈利。但控制成本、实现盈利的代价，是营收始终进不了第一阵营，大约只有优酷土豆的十分之一，甚至远不如乐视和迅雷。

暴风的主要盈利模式是“免费+广告”：以免费提供的“暴风影音”系列产品吸引庞大的用户群体，产生广告投放价值。除此之外，暴风也从推广软件、销售商品及收取会员费中获利，但这些收入只占10%上下，90%的营收还是来自广告。

而且，虽然每年都有盈利，却总是很微薄。2012年，5000多万；2013年，3000多万；2014年，4000多万。用一位网友的刻薄话说，多买一部热门电视剧就可能陷入亏损。

内容丰富性打了折扣，冯鑫一直更多强调暴风“技术流”和“体验派”的一面。这从暴风影音5的不断更新功能可见一斑：左眼键、3D、直播、清晰度，以至最新推出的暴风魔镜。

这是“穷人”在寡头时代的生存艺术。如今暴风成功上市，一切重新充满变数。这位“穷人”在“暴富”之后会如何表现？让我们回到开头。

冯鑫对《道德经》和《刀锋》的理解，我们不得而知，《约翰·克利斯朵夫》他倒是常提。据说，这部100多万字的小说，他在生命的不同时期读过多遍：大二被劝退之前读过，受伤住院时付钱让护士读给自己听，创业受挫时到道观去自省又读一遍……在他看来，克利斯朵夫代表了真实、受苦、抗争、追求自由的灵魂。

《约翰·克利斯朵夫》的结尾是这么写的：

圣者克利斯朵夫渡过了河。他在逆流中走了整整一夜。现在他结实的身体像一块岩石一般矗立在水面上，左肩上扛着一个娇弱而沉重的孩子……

早祷的钟声突然响了，无数的钟声一下子都惊醒了。天又黎明！黑沉沉的危崖后面，看不见的太阳在金色的天空升起。快要倒下来的克利斯朵夫终于到了彼岸。于是他对孩子说：

“咱们到了！唉，你多重啊！孩子，你究竟是谁呢？”

孩子回答说：

“我是即将来到的日子。”

如果冯鑫是一只股票

如果把冯鑫本人看作股票，很快你会发现，这人在创业之前是只妖股。

姑且把 1993 年当作他“上市”的时间。

那年，冯鑫勉强从合肥工业大学毕了业。他没拿到学位证书，档案被送回到山西阳泉矿务局。在矿务局下面的一家公司待了没几个月他就干不下去了，偷偷跑到上海找机会。停牌。

很快，他在上海的一家乡镇企业喔喔公司找到了工作，被派到太原分管山西省的营销，结识了许多食品公司的人。涨。

1994 年，他和大学里最要好的几个哥们儿到处开公司。他们租火车皮倒过煤炭，在天津做过港口托运，总之，都是“倒买倒卖”，此外还想办食品公司。涨停。

1996 年，跟人打架的时候，伤到了眼睛，医院告诉他，“再不来就瞎了”。他在医院待了半年多。后来他这么总结这半年的经历：身体伤了，钱花了，朋友散了，公司没了。停牌。

那年夏天，他又回到阳泉矿务局，工作是研究中国股市和金属期货，给一位赏识他的领导写报告。涨。

一年之后，又是这位领导把他派到北京开办一家馒头厂。但没过多久山西又派来一位厂长，他成了负责营销的副厂长。因为同厂长不和，他又跑了，再次陷入了失业状态。停牌。

失业期间，他读到了陈惠湘编写的《联想为什么》，觉得杨元庆、郭为才是青年的榜样，自此一心进入 IT 业。他直接跑到联想去找工作，没被接受，就在文曲星干了一年。涨。

1999 年，他终于迎来命运的转折点，进入了金山软件，并先后担任市场渠道部经理、市场总监、安全和工具（主管毒霸和词霸）事业群副总经理。涨停。

2004 年，被金山辞退。停牌。

同年，进入雅虎中国，任个人软件事业部总经理。一年之后，离职并创业。退市。

评论雷军

冯鑫：王峰有一句话我特别认同，雷军在我们同龄人当中就是典型的精英。首先人很聪明，很勤奋，又有十年如一日的毅力、做大事的那种野心。你会觉得同龄人中有这样一个人，跟他在一起共事或者并肩作战过，是你离英雄比较近的一次，即使金山不成功的时候我也这么认为。

评论周鸿祎

冯鑫：周鸿祎正起来比谁都正，邪起来比谁都邪。

（2015 年第 9 期）

谢谢观赏，后会有期

立志成为中国漫威的青青树，如何迎接自己的后魁拔时代？

文_**苗正卿**　编辑_**张厚**

武寒青不愿意让自己一手带大的魁拔，继续参与在她看来无谓的厮杀。

2014年，国庆电影档期刚刚结束的10月10日，魁拔动画电影制作方北京青青树动漫科技有限公司（下称青青树）宣布魁拔动画电影系列作品《魁拔4》将无限期延后。一时间，“魁拔已死”的言论充斥各大动漫论坛。

这部自2011年11月上映的国产动画，被视为中国动漫业的良心作品，动漫评论人达达先生认为：“国产动画自《宝莲灯》后就很少有高水准的作品了，但《魁拔》系列以较为高端精致的国产动画品牌形象出现，可以视为一种成功。”

被广泛用于解读魁拔系列动画无限期暂停的背后原因之一，是国庆档期上映的《魁拔 3：战神崛起》的票房惨淡。这部 10 月 1 日上映的 3D 动画电影在上映七天内仅获得 2230 万元票房收入，随着国庆档期后各大院线进一步压缩《魁拔 3》的排片率，青青树原本预计的最低 5000 万元票房已经成为不可能完成的任务。

值得注意的是，在魁拔三部曲中，没有任何一部获得 3000 万元以上的票房，而仅在今年，国产动画电影票房过 5000 万元的作品就已达 7 部，年初上映的喜羊羊系列最新电影《喜羊羊与灰太狼 6：飞马奇遇记》首周票房便突破 5000 万元。

与“魁拔已死”的猜测言论不同的是，青青树公司内看不到任何能与“倒闭”“关门”等词汇产生联想的场面。在青青树最新的望京办公区内，以“80 后”为主体的原创动画团队依然在制作着全新的作品，在公司大门口真人大小的立体画板上，魁拔主人公蛮吉依旧以标志性的微笑迎接着访客。

“魁拔没有死去，我们只是不愿意让它继续以错误的方式在错误的时间投身于无谓厮杀。”青青树 CEO 武寒青在摆满了动漫玩偶、电影光碟的办公室中对《财经天下》周刊表示：“我们想把魁拔的价值最大化地发挥出来，而眼下中国的动漫电影市场并不是魁拔最合适的比武擂台。”

最新的消息是，青青树已经与好莱坞签订了魁拔剧本改拍真人 CG（计算机动画）电影的合同，而拥有魁拔形象版权的网页游戏、手机游戏也已上线。

“手机游戏授权给了空中网，不是简单地换上魁拔皮肤就上线的游戏，我们希望通过手机游戏让魁拔的品牌价值及影响力进一步地提升。”武寒青说。

这场被武寒青称之为“文化产业化”的青青树转型始于2013年。在她的蓝图中，日后的青青树不应当以一个动画公司的形象被人记住，而应该是一家互联网公司。凭借青青树开发的大量动漫IP（网络之间互连的协议）资源，青青树试图通过多元化的娱乐形式，建立一个跨越电视、电影、PC、平板、手机的“多屏动画帝国”，而游戏、图书、网络剧等新内容产品的出现也被武寒青视为打通青青树上下游的关键。

“青青树要不断探索自己品牌的延伸，如果要找一个参照物，那就是美国漫威。漫威在讲述英雄的故事，我们也是；漫威在塑造美国英雄，我们在塑造中国英雄。青青树要做中国的漫威。”武寒青说。

票房折戟

10月1日《魁拔3》上映首日，负责调查影院观众情况的青青树员工被自己看到的场景震惊了。“电影院里的观众都是小朋友，这些孩子边吃爆米花边手舞足蹈地看着魁拔电影。”

眼前的场景不但未让武寒青兴奋，反而给她心头泼了一盆凉水。

“2013年，我们开始与万达合作，对方负责影片发行和宣传。我们商量的结果是将《魁拔3》锁定青少年人群，所以当看到小朋友坐在电影院时，我们就意识到可能会出大问题了。”

在双方的合作中，万达认为《魁拔3》是一部定位于青春人群的动画，于是在前期宣传中，从预告片到宣传渠道都定位在青少年人群。

"在家长与小朋友这方面的宣传几乎完全被放弃了。一开始我们公司还制作了一些面向家长和小朋友的宣传海报，但万达直接把这些方案枪毙了，他们想做成'高大上'的。"

武寒青还记得万达方面在内部看完《魁拔 3》后的看法。"他们觉得这个片子口碑肯定不差，应该按照大片的思路进行操作。"

在这样的思路下，《魁拔 3》在排片计划中被定在了下午、晚上等针对成年人的黄金档。

"其实万达的整体思路是没有问题的，本身《魁拔》系列的定位就不是一部低幼向的动画电影，按照成人大片的模式运作对我而言也是可以接受的，这种思路我也认同。"令武寒青失望的是，在电影真正排片时，《魁拔 3》却彻底与成人档无缘。

"如果是一部成人片，一定会大量排片在下午和晚上，但是各大院线经理都把《魁拔 3》安排在了针对小朋友的上午档。"这也是青青树员工发现影院里坐着的都是小朋友的原因。

"目前，国内电影市场还没有做到对本土动画电影一视同仁，很少有院线愿意把黄金时段让给它们，大量的上午时段成了本土动画唯一可以争取的时段。""喜羊羊之父"黄伟明对《财经天下》周刊表示，上午对动画电影而言实际上是垃圾时段。"除了节假日，上午时段的最大问题是家长很难和小朋友一同前往影院，这种现象从根本上影响了动画电影的上座率。"

除了上映时段，《魁拔 3》的实际排片率不足 7%，这与原本计划 10%以上的排片率有不小的差距。"《魁拔 2》其实就面临了这样的问题，当时博纳预计的排片率是 20%，可是上映当天排片率却不超过 8%。"

武寒青表示，与之相比，中国大量院线对好莱坞动画电影的态度却是截然不同的。以2014年上映的好莱坞动画《驯龙高手2》为例，其排片率几乎是《魁拔3》的3倍。

北京UME影院的一位院线经理表示，在自己可控范围内，自己的排片先后顺序是好莱坞大片、本土大片、好莱坞动画电影、本土动画电影。"如果你让我非要在晚上的黄金时段安排国产动画上映，那我面临的压力也会很大，因为上座率和电影票收入是不确定的。"

意识到定位在青少年人群的《魁拔3》被安排进小朋友档区的危险后，武寒青立刻联系万达。但是影片已经进入到上映期间，再想大幅度调整放映时段是一件不可能的事情，万达也只能一家一家去沟通联系。

坏消息远不止于此。2014年国庆档被誉为史上最惨烈的国产动画战场，在短短一个月时间里，共有9部国产动画电影参与比拼。影视评论人黄志超认为，"十一"档期对国产电影而言是全年最重要的时刻。"动画电影参与"十一"档期的竞赛，本身就是极具风险的事情，加上今年国产动画过于集中在"十一"档期，于是就出现了市场很热，但几乎没有一部能够赚到钱的现象。"

28岁的尹华是一位魁拔动漫迷，今年国庆档她带着自己的小侄子前去观看《魁拔3》。"结果小侄子看到一半就睡着了，但是我却觉得很好看。"而正在读高三的李颖对《魁拔3》的排片时段表达了不满。"十一家里报了辅导班，我好不容易被家长允许下午课后去看《魁拔3》，但是我家附近的几个电影院都把《魁拔3》安排在上午档，这实在令我失望。"

最失望的还是武寒青本人，票房预期与现实之间的差距有点让她难以接受。早在《魁拔 3》上映前，一家第三方分析机构曾为《魁拔 3》预测了票房收入——5000 万元至 1.4 亿元。

黄志超认为，《魁拔 3》的票房折戟不仅仅是排片时段与影片定位间的矛盾。“这其实是一个困扰了《魁拔》系列三年的问题，其从一开始就是做成人向作品，但是中国这一阶层的观众基础太过薄弱，好比你想在一个风靡流行音乐的地区办一场古典音乐会。”

当然，也有人对《魁拔》本身的运营模式提出质疑。日本动漫行业研究者枫树认为，《魁拔》一上来就用一部电影作品进军动漫市场，在没有成熟观众基础和粉丝群的情况下，这是一种拔苗助长的行为。“日本的大热动漫作品《海贼王》《火影忍者》无一不是先进行了漫长的漫画连载过程，之后获得了动画翻拍机会，在有了几百万甚至几千万的粉丝的基础上，这些作品推出的剧场版动画和一系列周边产品，才获得了空前的商业成就。”在枫树看来，动漫产业不是乔布斯的苹果手机。“你想用一款产品来颠覆市场，这是不可能的事情。唯一的可能性是像种树一样，慢慢等待你的作品果实的长大。在动漫领域，很难出现乔布斯。”

粉丝基数对《魁拔》电影票房的影响，让武寒青陷入了深深的反思。

“《秦时明月》就是先培养品牌，他们培养了很多年，粉丝数量比我们多个零。”武寒青所谈到的《秦时明月》是已故中国台湾动漫家温世仁于 2003 年开始创作的漫画。这部连载至 2013 年的作品，已经被改编为多部 TV（电视机）版动画、游戏、真人电视剧以及动画电影。截至今年，《秦时明月》的动画电影共有 5 部，首部作品《秦时明月之百步飞剑》上映于 2007 年。

与《魁拔》系列相似，《秦时明月》也是成人向动画作品。今年上映的第五部动画电影作品《秦时明月之龙腾万里》获得了将近 6000 万元票房，位列 11 月中国内地市场动画电影票房第十名。

值得注意的是，尽管电影票房没有像今年上映的《熊出没之夺宝熊兵》那样获得超过 2 亿元的亮眼成绩，但若加上改编游戏上的收入，今年《秦时明月》的总收入已超过 3 亿元。仅 8 月 8 日一天，《秦时明月》手游的收入就超过 500 万元。

“《秦时明月》原本的漫画影响力极大，此前连续七年通过 TV 版动画也积累了大量人气。漫画、TV 动画、动画电影、游戏这些产品的全线发力，已经让《秦时明月》的 IP 价值尽可能地被挖掘出来了。”黄志超认为，一部动画作品是否有人气是其成败的关键，而与《秦时明月》相比，《魁拔》系列最大的遗憾，就是没有在四年时间内培养出足够数量的粉丝基础。

“我们想做的是主流商业品牌，没有进入大众视野是不行的，大众视野主要是动漫迷。”武寒青反思道。

在这方面，《喜羊羊与灰太狼》《熊出没》与《魁拔》形成了鲜明对比。这两部分列今年中国动画电影票房冠亚军的作品，均曾在央视大量播出，并积累了大量人气。以 11 月至 12 月的百度搜索指数为例，《熊出没》和《喜羊羊与灰太狼》分别是 144507 及 33939，而同期魁拔仅为 7892。

除了人气差距，《喜羊羊与灰太狼》《熊出没》目前都已经成为图书、TV 动画、动画电影、游戏、玩具等周边多领域的全能选手。早在 2009 年，《喜羊羊与灰太狼》衍生品形象授权收入就达到总收入的 40%。而由《熊出没》改编的游戏《熊大快跑》仅今年 2 月的流水额就超过 2000 万元。

还没到最好的时代

武寒青不是没考虑过像《喜羊羊与灰太狼》《熊出没》那样先在电视台频频露脸以积攒人气，但现实并不允许。“我们的目标用户和他们并不一样，中国的成人动画市场远不如儿童动画市场那样成熟。”在她看来，即便一开始以电视台动画形式出现，也不会改变《魁拔》的现状，因为能播放动画片的大多数是少儿台，面向成人的《魁拔》收视率不一定会高。

今年《秦时明月》动画电影上映的时候，武寒青特别期待它能够有票房突破。“毕竟都是成人向动画，如果它能实现突破，那说明市场的寒冰融开了。”武寒青说，面对《魁拔》在动漫市场上的劣势，她曾把破冰的期待寄托于更换更合适的影片发行团队身上。

万达是青青树合作过的第三个发行方。早在 2011 年《魁拔 1》上映时，武寒青就决定请专业团队帮助发行，而曾负责发行过《喜羊羊与灰太狼》动画电影的发行团队率先进入了视野。

“本来想找传统电影发行公司，但是总感觉他们对动画电影发行的经验有所欠缺。”令武寒青意外的是，曾发行过《喜羊羊与灰太狼》的团队也没有给《魁拔》带来票房上的神话。《魁拔 1》上映后票房不足 400 万元。当时武寒青与许多同行打赌，有的同行认为能够突破 3000 万元，还有的认为能够突破 500 万元。“我自己的预期是 500 万元，但是票房并没有让我惊喜。”

尽管票房不温不火，但这部电影却为青青树赢得了市场口碑。原本《魁拔 1》上映前，武寒青和整个《魁拔》团队都对口碑持消极态度。“我们2010年组建团队时，许多成员都没有过动漫设计经验，甚至就是一张白纸。”对于市场口碑与团队自己预期的相反，武寒青将之归因于中国观众的友善。“中国观众实际上是最好的观众，他们看到你的努力与认真就会给你鼓励。”

票房的低迷开始让武寒青陷入反思。在一次北京电影学院的活动上，她见到了自己当年在北京电影制片厂的同事于冬——如今博纳影业的董事长。

“他听说了《魁拔》，觉得是一个好产品，只是在推广营销层面没有做到位。”一番交流后，武寒青决定将《魁拔2》的发行权交由博纳影业。“《魁拔2》原本准备在2013年4月上映的，忽然有一天于冬打电话来说应该在“六一”档期上映。”武寒青说。

最终，《魁拔2》取得了2000万元票房，尽管与第一部相比已经有了很大飞跃，但这依然低于于冬的预期，他认为至少应该在5000万元以上。

连续的票房失败让武寒青意识到，中国成人动漫市场尚未成熟。“这是中国动漫市场面临的一个普遍问题，成人观众对本土动漫作品的接受程度还不够。”

武寒青之所以这么说，是因为她发现，与中国本土市场不同，美国和日本市场更快认可了《魁拔》的价值。

在《魁拔1》放映后的2012年，前往日本参加东京动漫展的武寒青意外收到了东京电视台的合作邀请。“他们观看了《魁拔》的动漫电影后觉得非常喜欢，希望我们授权给他们。”而来自美国的反应也让武寒青看到了希望。青青树一直与漫威等美国动漫公司有着动画特效方面的合作，在一次偶然机会下，武寒青给几位美国同行简单讲了《魁拔》的世界观。“他们感觉非常喜欢，很快就达成了合作意向。”

黄伟明觉得，现在绝不是中国动漫业的黄金时代。他认为，中国的动漫市场远未成熟，大量的动漫公司将精力锁定在相同类型的作品上，而作品本身却并没有实质性的突破。另外，电影行业对本土动漫作品的接受度、重视程度都还没到最好的时刻。

这种市场的不成熟也体现在专业人才的缺失上。以青青树团队为例，其主创人员几乎都是2010年进入公司的那批人。随着《魁拔》作品的发展，这些曾经的动漫“菜鸟”已经成为青青树中独当一面的大将。“中国动漫教育业是无法支撑行业发展的，每年有那么多学生从大学动画专业毕业，但是他们的实力是难以投身于专业化和商业化作品团队的。”武寒青说。

一位不愿具名的动漫工作室老板介绍，他的团队从2013年至今已经被某大型游戏公司高薪挖走了数位核心成员。“动画行业的赚钱能力与游戏行业是不能比的。游戏业现在这么火，无数公司都在进军游戏产品，这就需要大量人才，他们会去哪找？动画行业显然是最合适的地方，技术相通、薪水优势明显，用钱可以轻松击溃一家小动画工作室。”

武寒青的团队也发生过被挖墙脚的现象。“一年几十万、给房子、给车这样的待遇任何一家动画公司都很难满足，但是我们的核心主创团队直到目前没有任何人离开，走的是一些中层创作者。”武寒青觉得，这种动画人才能够被轻易挖走的现象也是中国动漫产业不成熟的标志。在她看来，动画是一个工程项目，不是一个人就能做出来的，需要一个默契的团队一起配合完成作品，所以一个成熟、默契团队的价值远远大于某一位动画人才。

武寒青透露，每完成一部《魁拔》动画电影，她和她的团队都会像跑完马拉松一样劳累。“动画是一个很有趣的行业：不追求品质的话，可以制作得很轻松；只要追求品质，那肯定得熬夜、反复修改、不断调试。”武寒青用“码农”一词来形容在制作动画作品时设计师的状态，“真的非常辛苦，尤其像《魁拔》对质量的要求比较高，所以我们团队付出的精力会更大”。

转型互联网

连续三部动画电影，已经让武寒青感到自己的团队有些过于疲劳。“所以我们决定暂停《魁拔》动画电影，转而做一些网络动画、合家欢动画，这会让团队轻松一下，之前有些太赶了。”

10 月 10 日，青青树公司公开了关于《魁拔 4》无限期暂停的公告。

武寒青介绍说，事实上早在一年前他们就已经在内部达成了共识，如果《魁拔 3》的票房能够超过 5000 万，就说明市场成熟了、时机到了，就要继续下去，而如果没能实现这个目标，那么就要开始寻求改变。“其实一开始，青青树就决定把自己的成长视为一个长期过程，我们希望培养一个成功的、有国际知名度的动漫品牌，而不是趁着动漫市场火热来圈钱。”

石春然是北京一位毕业三年的动漫设计师，他与自己的 4 位同学组建了自己的动漫工作室，接手一些动漫短视频的设计与制作。“在中国这么多动漫公司中，我最关注青青树，因为它的成败是一个风向标，和《喜羊羊与灰太狼》《熊出没》《巴啦啦小魔仙》等品牌不同，《魁拔》背后没有那种巨型的资本力量，对我们而言青青树是一个比较现实的标杆。”石春然所谓的不同，指的是资本运作方面。直到今日，青青树并没有出现通过出售股份换取大额度资本的行为，换言之，武寒青等青青树创始团队依然对青青树的走向拥有决定权。

“有过一些想收购或入股的邀约，但是我们都拒绝掉了，我们有投资人，有足够的资本支撑我们运作。”武寒青介绍称，在 2010 年青青树创立开始，自己就跟投资人明确表示过：“投资青青树不可能短期回本，青青树也不能保证有多么巨大的盈利前景，如果想投资青青树，请看重七八年后的我们，而不是眼下。”

这也正是青青树决定暂停《魁拔》动画电影的核心原因。“我们 2011 年设立的目标，是让消费者知道有一个《魁拔》，并且形成一定的粉丝基础。”武寒青认为，暂停《魁拔》动画电影是为了保护《魁拔》形象，“我们要等待市场，等待观众的成长”。

如今，青青树把全部精力都用于自己的互联网转型。“其实我们应该是一家互联网公司。”说到这里，武寒青露出了微笑。“我之前只知道动画技术，对互联网的一切完全不了解。”

转型的灵感来自于武寒青背后的外脑团队——北大校友会。作为北大毕业生，武寒青定期参与校友交流会，并在校友微信群中分享各种思路。“他们来自各行各业，互联网的、金融的，经常给我出主意，他们的很多想法让我颠覆了自己原本的思路。”

正是在这些校友的帮助下，武寒青意识到了互联网对于青青树的价值。

“既然中国动漫市场不成熟、观众还没培养起来，那我们就先通过互联网平台，培养青青树自己的用户基础。”在武寒青的战略中，游戏、10 到 20 分钟的网络动画、更为丰富的视频内容、周边产品等将成为今后青青树发展的根本。

武寒青的具体转型计划形成于《魁拔 2》制作完成的时候。当时，她决定开始在网络周播剧领域进行尝试。与《魁拔》电影不同，周播剧每集时长缩短至 10 到 20 分钟。青青树选择的合作伙伴是运营过《赛尔号》及《摩尔庄园》的淘米公司。“上线后，用户的反馈可以从后台直接获得。跟做电影完全不一样，是做产品的感觉。”武寒青的计划是通过网络周播剧进一步培养魁拔的粉丝数量，并通过后台数据反馈测试周播剧这种产品形态与青青树的契合程度。现在，网络周播剧已经成为青青树互联网转型的试验田，在青青树内部还有 4 个正在开发的网络周播剧项目。

“我们要转变赚钱的意识，今后可能电影本身的收入只占到青青树总收入的 20%至 30%。”今年，青青树上马了另外一个互联网产品——网络电视台。“网络电视台的产品模式有点类似《万万没想到》，在我们自己的网络电视台上播放影片，开发一些新的 IP 项目，做围绕动漫的各种内容产品，甚至还有脱口秀。”武寒青认为，青青树一定要成为一个有互联网思维的企业，而互联网思维的核心精神就是免费分享。“通过免费分享内容，击中观众心中的那个点，围绕这个再进行整合营销，我认为这才是盈利的方向。”武寒青说。

青青树向互联网转型的另一重点领域是游戏，其合作方空中网在今年推出了首款作品《魁拔：战神崛起》。空中网首席游戏设计师张沁认为，魁拔的 IP 资源非常优质。

随着向互联网化转型，青青树的 IP 开发战略也开始进行调整。“我们会根据新的互联网产品线，进行更多元化的 IP 开发。”武寒青表示，

"以电影层面为例，今后两年青青树的电影作品将会集中在合家欢题材上，即孩子、家长一家人看的电影，这是中国动画电影市场的成熟产品模式。"

对于武寒青来说，一个以网络剧、游戏、动画电影三大产品线构成的新青青树呼之欲出。"更为重要的，我们还会推出真人大电影。"动漫改编真人大电影被武寒青视为青青树腾飞的关键，而她的终极目标则是将青青树做成中国的漫威。

2008 年，漫威仅国际授权商品零售额就高达 57 亿美元。在电影、周边产品和游戏之外，漫威还在 2013 年推出了根据大热电影《钢铁侠》中托尼·斯塔克的电脑 AI（智能）管家贾维斯原型制作的 iOS 版 AI 管家应用 JARVIS（贾维斯），尽管只能提供时间、气温和行程三种服务，但漫威"将动漫 IP 潜力挖掘到底"的目标已非常明确。

除了产品形式的多元化，漫威超过 5000 个的庞大动漫角色 IP 资源也成为武寒青发力的方向。

"过去几年大家都以为我们对低幼向很排斥，其实完全不是如此，我们一直在开发低幼向的动画作品，青青树的内容类型本身就是多元的。"

在青青树原创设计区，有一个巨大的白板，上面贴着许多尚未出现在《魁拔》系列中的动漫形象卡纸。青青树的动画设计师介绍称，这些形象大部分是几部全新系列作品中的角色，而新系列不会只是英雄主题的动画，还会有专门为移动互联网平台设计的作品。

"这些都是青青树未来的作品，漫威不是只有《钢铁侠》，我们也不会只有《魁拔》。"武寒青指着这些卡纸说。

（2014 年第 25 期）

《刀塔传奇》的传奇：一款国民手游的诞生

对史玉柱塑造的游戏世界观说"NO"之后，王信文以史上最快速度成就新游戏王。

文_**卜祥** 编辑_**施雨华**

2014年10月9日，腾讯旗下最挣钱的互动娱乐事业群（IEG）宣布了新一轮的内部组织架构和人员调整计划。原来的8大游戏工作室重组为4个工作室群，群下再细分为更小型的20个工作室。显然，腾讯相信小规模的工作室更有活力和创新力。消息传出，游戏业内不约而同地解读：这是被王信文逼的。

2014年开春后，手机游戏《刀塔传奇》扫平了整个卡牌游戏圈，成为迄今为止手游浪潮中最成功的作品。但是，这款游戏没有在占据游戏业半壁江山的腾讯的平台和渠道上发行。尤其让腾讯手游部门尴尬之处在于，制作出《刀塔传奇》的王信文团队核心成员原本是腾讯游戏内部的三颗"螺丝钉"。

为什么在离开腾讯游戏后，王信文团队反而制作出更成功的游戏？8月份在上海举行的China Joy（中国国际数码互动娱乐展览会）活动期间，腾讯手游负责人之一王波被人问起这个棘手的问题时说："我们要反思。"

事情过去两个月，腾讯互娱的结构调整成了一种回应。在China Joy上，王波本来和王信文约好私下见一面，因为王波临时有事而取消。几周之后，王信文告诉《财经天下》周刊记者，他陷入"心力交瘁"境地。原因是他在腾讯游戏部门工作的妻子被劝退。王波为此还专门写微博解释。

事情由此好像演变成了一个精彩剧本——日益庞大臃肿的腾讯努力地动用一切资源要将从内部分裂出去的挑战力量绞杀干净。腾讯自成立后，凭借着PC端QQ构建的社交优势，迅速成为客户端游戏、网页游戏最大的分发平台和渠道，而在整个互联网向移动端转移的过程中，腾讯又收获微信这一分发手游的便利渠道。以游戏作为重要支撑，腾讯市值突破千亿美元，是中国最成功的互联网公司之一。

现在，这个巨头密切注视着眼皮子底下一切可能产生威胁的对手。移动互联网技术极大地降低创业门槛，给了那些有才华、有胆色的创新者最大回报。这使得腾讯遭受的攻击数量增加。腾讯则应时而变，创业型公司与大公司之间的斗争仍在继续。

王信文能强烈感受到这种斗争。他现在的目标是让自己的团队成长为世界一流的游戏研发公司，继续保持战斗力。

三个同学一款游戏

自年初正式上市以来，《刀塔传奇》受到粉丝热捧。里杰是《刀塔传奇》的首批玩家之一。他在北京CBD上班，做美术设计，之前玩过美国的端游《刀塔》(Dota)。那是一款5对5的即时对战游戏，在国内外都很火。里杰玩了多年，熟悉里面的各种英雄角色。一次观看竞技游戏视频时，听主持人推荐一款手游《刀塔传奇》，便下载来玩，从此成为其粉丝。

“玩《刀塔传奇》给我一次重温《刀塔》角色的机会。”里杰说。与之前玩一局《刀塔》至少要20分钟连续时间相比，玩手游所需时间短得多，等地铁、公交甚至电梯的时候也可以打开游戏。

靠着里杰这种熟悉《刀塔》题材的基础用户，《刀塔传奇》玩家迅速攀升到了5000万。随之而来的是商业上的成功。2014年7月18日，这款游戏当天收入突破2000万元。就在2013年，年度手游冠军《我叫MT》单月收入破2000万都值得欢呼。凭着月收入过2亿的成绩，《刀塔传奇》本身已经成为一个商业传奇。

做到这样的地步，整个开发团队只有13个人，花费不过150万。很少有人知道这点，因为王信文刻意保持低调。手机游戏太热，每天都有10来家新公司成立，“有时竞争没底线”。

在上海闵行区的一座二层商务楼里，《财经天下》周刊记者见到了王信文。这里是莉莉丝游戏公司搬的第三个办公场所，一个大开间，屋内陈设一览无余。接近前台的地方摆放着咖啡、点心和冷饮柜，旁边是沙发，员工可以随意休息和饮食。

一位来谈合作的人对莉莉丝第一个办公室印象很深，“100平方米的房间只坐了10个人，一般创业公司这么大面积会塞更多人。”后来，随着公司员工增加，莉莉丝搬了两次家，一次比一次大。

王信文身高一米七左右，戴着眼镜、肤色白净，略长的头发有时会盖住眼镜上框，不时需要他理一理。在大街上，你会把他当作一个普通的大四学生。创业之初，为了省下每台 100 元的装机费，他干过自己组装办公室电脑的事儿，后来想起腾讯为他付过超过 1000 元的日薪，决定把时间用到更有价值的地方。

2013 年 3 月成立的莉莉丝最初看起来很草根。创始人王信文和他的合伙人袁帅、张昊，是南京大学软件工程专业的同学，先后进入腾讯，最高职位只是游戏策划。

出来创业，3 位二十五六岁的“80 后”一开始就没有什么心理负担。王信文的父母已经帮他在上海买好一处房子。“创业不成，大不了再去找工作，你找不到工作吗?”王信文说，他们想趁年轻多扑腾几下。

他们对游戏题材没想得太清楚。游戏题材研发行业内的三板斧——三国、武侠、仙侠他们都没看上。最后选中 Dota（刀塔）题材，是听了一个投资者的建议。最初王信文他们对 Dota 不感冒，他们最爱玩的是《帝国时代》。

当时手游界《我叫 MT》之类的游戏很多，选定角色之后只能看着卡片撞来撞去。他们觉得太过静态。“我们喜欢那种酷炫、能让人物动起来的。”合伙人张昊说。

三人很快有了分工。王信文口才好、主意多，负责对外，找投资，谈合作，对内则涉及设计游戏玩法和体验。张昊负责服务器后端技术。至于袁帅，王信文形容他是“一个很天才的选手”。袁帅在大学时拿到过非常好的计算机算法比赛成绩。毕业后他在腾讯先做程序员，后做游戏策划。这种跨界人才正是创业型公司所急需的。他后来成了《刀塔传奇》制作人。在游戏行业中，这相当于电影导演。

“游戏前台归袁帅，后台归张昊。”涉及产品，三人都可提出方案，然后一起解决。

回到游戏最初的乐趣

游戏题材确定，分工完成，王信文和同事们做出了一个游戏的Demo（游戏小样），五六分钟时长，是现在《刀塔传奇》中经典的打斗场面——5位美式Q（可爱）版画风的英雄带着武器和对手打斗，可以手动施放技能。

小样放上网后，他们觉得完成了阶段性任务应该庆祝一下，就订了一个别墅式的娱乐场所去Happy（快乐的玩）。创业期间，工作时间从早晨10点持续到晚上12点，王信文希望工作像玩游戏，过程一定要愉快。

在创业过程中，争论和妥协是难免的。王信文鼓励员工发表关于游戏产品的任何意见，然后通过讨论解决，3个合伙人没有谁享有特权。这很像大学时的辩论赛。为了赢得比赛，你必须讲出道理。大学时代，王信文和袁帅曾是并肩作战的辩友，王信文还是新生辩论赛最佳辩手。

相识八年多，加上延续学生时代的处事方式，三人讨论问题时以结果为导向，而不顾虑面子或其他东西。“95%的团队过不了这一关。”王信文说。为降低沟通成本，搬了两次家，三个合伙人没有单独的办公室，座位始终挨着。重要的是，无话不说的风气由创始人团队带动后，形成其他公司很难复制的DNA，最终形成了3人非常看重的团队创新能力。

《刀塔传奇》的游戏世界，乐趣和商业高度平衡。金山昔日悍将、蓝港在线董事长王峰研究过游戏的架构后感慨：《刀塔传奇》抛弃了游戏设计中主流的屈服于商业的经济系统，“游戏追根溯源要回到游戏最初的东西”。

最初的东西就是玩游戏的乐趣，花很多时间和精力琢磨一款游戏最核心的玩法。外界很多人认为腾讯游戏的成功凭借的是QQ和微信的强势渠道，很少有人留意腾讯做游戏有自己的一套方法论来保证品质，从核心玩法开始做。

比如微信上第一个游戏打飞机，最核心的部分是发射子弹击落敌机以及躲避敌机和子弹时的爽劲。做赛车游戏，核心部分是加速、漂移时的快感。这东西可能只持续3～4分钟，却是一款游戏中最核心的部分，而且这些东西不需要UI（用户界面）、交互和成长性做辅助。

为了核心玩法，王信文团队四个月不干别的，一心一意设计打斗场面快感。后来被很多卡牌游戏借鉴的手动释放技能，就是在这时候琢磨出来的，业内称之为微操作。玩家里杰对此感触很深：此前的卡牌游戏，玩家选好卡牌，在战斗过程中只能干看，游戏乐趣不多。

后来至少有50款游戏借鉴或袭用了微操作。但王信文认为：“好多模仿《刀塔传奇》的团队，都没有注意到核心玩法，而是从游戏中总结出几个功能来，拼在一起，当成一个软件来做。”模仿者没有注意到游戏的可玩性和乐趣。

乐趣要从最小的可行性模型开始做，再把卡牌英雄成长系统、经济系统以及界面等一个个加上。“达到了目标再往下走，不断地实验。”王信文说。

做完游戏，制作者还要面对下一个挑战，是否能抵制住诱惑，在设置经济系统时不损害游戏的乐趣。

市面上大多数手机游戏，金钱是唯一主宰。一款游戏中，花 5 万元的玩家，可以胜过 5 个花 1 万元的玩家。花 1 万元的，可以胜过 10 个花 1000 元的。玩家的付费感受“非常直接”。

在《刀塔传奇》里，王信文团队改变了这一设定。研发团队控制了不付费玩家、低付费玩家、高付费玩家之间的差距。最初 20 多级，里杰没有花钱。同样是 5 个英雄组成的战队，凭借对英雄角色的了解，里杰可以有不同的搭配，以智力胜出不少纯粹花钱的玩家［俗称“大 R（人民币的人的拼音的第一个字母）玩家”“人民币玩家”］。里杰认为，花了 1000 块钱的，和花了一万块钱的 PK，未必会输。

把八成不付费玩家、少付费玩家（月费 25 元）养在游戏里，让他们体验游戏的乐趣，是王信文一开始就定下来的规矩。他认为好玩的游戏，同时也就是赚钱的游戏。

游戏业拜金主义流行最早要追溯到史玉柱。他是游戏行业一个里程碑式的人物。这位号称洞悉人性的营销大师，2006 年把人性中的仇恨和攀比带入了《征途》游戏当中，鼓励玩家用金钱购买能力更强的道具，实现在虚拟世界的特权和成功。此后，一直到今天，游戏行业绝大多数产品在设计时都遵循这一思路。有人甚至专门设计出快速吸纳玩家金钱的游戏产品，只推出一两个月，狂吸玩家的钱然后撤走，换个面孔、换个地方再来一次。游戏行业坠入了金钱至上的世界。

王信文寻找投资时，曾和一个投资人说：“我们就是要做好玩的游戏，收入应该放到第二位。”这位投资人听完很吃惊，之后再也没出现过。

2013 年 5 月，当史玉柱穿着标志性的红衣白裤，于葡萄园和酒庄间穿梭，过着悠闲的退隐生活时，26 岁的王信文和伙伴们加班加点，在上海的办公室摸索着创业。一场变革，在静悄悄地积蓄力量。

“80 后”遇见“80 后”

找投资的时候，王信文有一次发了条新浪微博，谈游戏策划如何和程序员及美工沟通。IDG 投资经理郑兰回复了那条微博。后来郑兰约见了莉莉丝创始 3 人组，代表 IDG 投了 200 万元，占股 20%。一切简单又顺利。

但投资协议签订后，因 IDG 公司内部手续繁琐，这笔钱迟迟没有到账。最后作为一个折中方法，郑兰的上司借了点钱应急。投资入股的钱到最后也没派上用场。

好在后来《刀塔传奇》找到全权代理运营商龙图游戏，并获得了 1000 万元版权收入，彻底解决了燃眉之急。

尽管如此，王信文考虑再三，没有撕毁与 IDG 的协议。这一点让龙图游戏 COO（首席运营官）王彦直觉得很难得：“他们很年轻，却没有在金钱面前头脑发热。”

王彦直 1982 年出生，比王信文大 5 岁。看到最早的《刀塔传奇》游戏小样后，他从北京飞到上海找王信文，要签下《刀塔传奇》赌一把。那是 2013 年 10 月。

在遇到王彦直之前，王信文为游戏的发行、运营代理伤过不少脑筋。他找过腾讯、触控等大公司。没有人愿意出手，他们认定《刀塔传奇》不可能在商业上成功。腾讯的拒绝还多了一个理由，旗下有类似题材游戏《全民英雄》。

和王信文一样，当时王彦直也寂寂无名。和两个朋友合伙成立龙图游戏公司后，他急需过硬的产品。和王信文等人深聊之后，他不再犹豫，拿下了发行代理权。“很多团队都会告诉我，要如何去挖坑让玩家多付费。”王彦直说，和王信文第一次见面，“没有聊钱，而是聊怎么让游戏更好玩些”。他甚至怀疑王信文他们并不知道如何通过游戏挣钱，于是把自己知道的中外好的游戏经济系统送给了莉莉丝。“我们只提供资料，由他们研发团队取舍，我们不干涉。”王彦直认为“80后”做事应该有一种情怀的追求。

正式谈交易时，王信文团队提出先给500万元版权金，再按一定比例分配收入。当时版权金行价在三五百万。让他意外的是，王彦直主动加码，提出版权金翻倍，给到1000万，条件是保证龙图游戏的独家代理运营权。

后来两人成为朋友，回忆当时的交易时，王信文才知道王彦直承担了很大的压力——龙图是第一次押上千万元买版权。此外，业内普遍存在拿回扣的潜规则。王彦直给当时毫无名气、没有一个成功作品的团队1000万的版权金，很难不让人起疑心。

拿到《刀塔传奇》运营权后，王彦直几乎说服了除腾讯之外的所有发行渠道来推这款产品。腾讯老对头360平台对《刀塔传奇》做了特别推荐。登陆360平台后，《刀塔传奇》单日最高下载量达到50万，双周留存率高达90%。

王彦直赌对了。上市之后，《刀塔传奇》各项数值都好于预期，月收入很快破亿。巨大的商业成功让曾经拒绝这款游戏的人悔青了肠子。

在“5·20活动”(5月20日，网络上商家取谐音“我爱你”常做促销活动)中,《刀塔传奇》付费率和付费人数连翻5倍，单日付费人数突破10万，付费率20%。

当天，王信文和女友在扬州完婚。第二天,《刀塔传奇》在苹果App Store游戏畅销榜冲至第一名。畅销榜与免费榜不同，是所有玩家付费后得出的真正排名，没办法做假。《刀塔传奇》冲上榜首之前，这个位置长时间被腾讯手游所占据。

截至7月5日，游戏在360平台上下载超过1000万次。作为首发渠道，360贡献了这款游戏安卓平台下载收入的50%。

凭借创新渡过手游红海

成功之后，王信文面对的诱惑越来越多。有A股上市公司开价50亿要买莉莉丝公司，有人劝说他把运营公司龙图游戏替换掉，甚至愿意代付违约金。王信文和王彦直聊了一下，最后婉拒了收购请求。

现在王信文给团队找到了新目标。短期内成功地把《刀塔传奇》运营三年以上。这个任务非常艰巨。

从去年开始的手游热浪中诞生的公司越来越多，今年手游已成为红海，很多业内人士预感寒冬将至。目前这一行业从业人数达到320万，比去年多出了70万，而一年产值只有300亿，其中大半被腾讯吃掉。手游公司的成功概率不超过2%，绝大多数难以存活。要想在激烈的竞争中活下来，游戏需要不断更新迭代，对玩家持续保持吸引力。就像小米公司重视粉丝参与一样，《刀塔传奇》根据玩家反馈积极做改进。

现在，里杰在《刀塔传奇》中升到了 80 多级。他终于等到游戏添加了自己熟悉的《刀塔》英雄美杜莎。但玩了一阵子后，他发现《刀塔传奇》削弱了美杜莎的能力。原来，有一些不熟悉美杜莎的玩家反映这个英雄技能太强，研发团队经过讨论决定顺势而为。此外这款游戏有一个任务叫“燃烧的远征”，起先一天两次，玩家反映很累，后来就改成一天一次，但能获得相当于原先玩两次的奖励。

里杰发现，《刀塔传奇》不断吸收玩家在玩法上的建议。8 月开始，《刀塔传奇》添加了扫描周围玩家的功能。通过这个功能，里杰可以轻松找到别的战队 PK。PK 是《刀塔传奇》为增加乐趣而设，而且功能还在不断增强。最新玩法是可以用 15 个英雄组成 3 队，和另一个玩家操控的 3 队进行超级 PK。

在玩游戏之外，里杰还通过加入《刀塔传奇》中的工会组织（一般 50 多人），结识了一些新网友。“大家通过微信群，经常一起讨论如何玩游戏、怎么打副本。”里杰告诉记者。

莉莉丝的长远目标是做成芬兰 Supercell、美国暴雪那样世界一流的游戏公司。做出过一个爆款游戏的公司很多，连续做出成功产品的公司却只有 Supercell、暴雪等少数几家。

《刀塔传奇》团队想通过给游戏增加社交功能，增强用户黏性，构成一种社区。

想要实现这个目标，至少要先过腾讯这关。有一段时间，腾讯的《雷霆战机》和《刀塔传奇》在苹果商店的榜单上拉锯过。10 月 16 日，腾讯反击《刀塔传奇》的大招也已放出，签下乐动卓越的新款游戏《我叫 MT2》——去年只是卡撞卡的《我叫 MT》是手游行业冠军，今年照着动感酷炫的路子进行升级，并宣称加入了 3D 概念。《我叫 MT2》

所曝光的核心玩法和战斗部分，很容易让人联想到《刀塔传奇》。

在整个采访过程中，记者一直劝王信文让袁帅和张昊也参与到采访中来，还原三人关系的确立过程，还原 3 人如何互相争辩又能形成创新和执行力。所谓有中国人的地方就有江湖，中国人最不擅长团结，但是这 3 个“80 后”之间的关系像是完全与过去告别，直接从美国硅谷获得了全新养料。能从中找出规律，并把它写出来，无疑对外界有现实意义。

采访计划没有实现。王信文说，袁帅不对外，并且不愿意接受采访。至于张昊，他最近刚变动岗位，由之前的服务后台转到负责运营，任 COO，开始试着把精力从后台技术转移到品牌营销上。

王信文劝记者不要太多描述他们的关系，“因为你了解得太少，写不准确，不如不写”。后来他又在微信中回复：“而且我们三人的角色也一直在变化。”

不过，也有不变的部分。他仍然把自己看作一个游戏策划。用一年多时间创业并获得巨大成功后，“大家对我最常见的评价是成功前后没变化。”他说。

他把自己看成一名指指点点、无意中抓住了浪潮的幸运儿。智能手机普及、移动互联网时代来临的当口，手机游戏离用户和钱都很近，聚集了强大的商业爆发力。

当下进入游戏业的公司不在少数，大大小小有 2 万家，很大一部分是奔着钱而去，为老板做游戏，或为土豪做游戏。在莉莉丝看来，急功近利的公司不会构成大的威胁。

“在当初确定产品特色，琢磨出微操作新玩法后，你有没有很急切地想把产品做出来，担心别人也想到你的创意?"《财经天下》周刊记者问道。

"不会，"王信文平静地回答，"因为他们认识不到创新的价值。"

(2014 年第 22 期)